CÓMO CAUTIVAR A LA AUDIENCIA

JORGE ZURITA

ISBN: 978-0-9854160-9-6

© 2020 Jorge Zurita.

"Presentar en público puede ser una de las actividades más emocionantes, satisfactorias y redituables que hay actualmente; pero si careces de conocimientos y habilidades fundamentales, esa misma acción puede ser tu peor pesadilla".

Jorge Zurita.

Contenido

Capítulo 1: Introducción

E ste libro para hablar en público te dirá cómo superar rápidamente tus nervios, dominar el arte de presentar una poderosa charla ante cualquier audiencia en cualquier momento y lo más importante, te permitirá vender tus ideas desde cualquier escenario, sala de juntas y videoconferencia.

Imagina este momento: El auditorio está repleto de cientos de personas, a medida que tu turno para hablar se acerca, tu pulso y tu respiración se aceleran y se te forman gotas de sudor en la frente.

El maestro de ceremonias anuncia tu nombre a través del sistema de sonido y los ojos de todos de repente están sobre ti, penetrando con intensidad, ahora los nervios de verdad empiezan a aparecer, tus piernas se sienten como pesas de plomo, tus palmas se ponen sudorosas y los pocos pasos que das hacia el podio parecen tardar una eternidad.

Cuando dices tus primeras palabras, tu respiración se vuelve aún más profunda, tu voz parece temblar y tu boca simplemente se seca.

Si te identificas con esa descripción, no estás solo, todos los días de cada año esa escena es repetida por innumerables personas que le temen a la idea de tener que hablar ante una audiencia, están nerviosos y estresados, y tal vez no hayan podido dormir por noches, tuvieron una sensación de malestar en la boca del estómago en los días y horas previos al evento. Bueno, respira profundo y relájate, en realidad, respira profundo varias veces, necesitas calmarte, probablemente te hayas preocupado por dar un discurso o una presentación durante mucho tiempo.

Ahora veamos el lado positivo, el hecho de que hayas estado tan preocupado por dar tu presentación no es tan malo, es una muestra de que te tomas la tarea en serio y deseas hacer un buen trabajo. Entonces, una cierta cantidad de nerviosismo realmente es algo positivo, sin embargo, el estrés que está fuera de control definitivamente no es bueno para ti, y es ahí donde esta guía te ayudará en el momento más oportuno.

Irónicamente, la mayoría de las personas trabajan contra ellos mismos empeorando sus nervios a medida que se acerca el gran día. Se ponen tan nerviosos que no hacen nada más que preocuparse.

Por otro lado, tú ya te has separado de esa mayoría al tomar una acción positiva para invertir tu tiempo en este libro, te has dado cuenta de que no puedes simplemente esperar lo mejor, reconoces que hablar en público es una habilidad que tiene que ser aprendida.

Ahora que cuentas con las herramientas adecuadas para ayudarte a ti mismo, dentro de muy poco tiempo aprenderás a presentar persuasivamente, mientras cautivas a tu audiencia. ¿Te gustaría lograr eso?

En el entorno empresarial es bien sabido que tener que dar un discurso o una presentación es una de las tareas más estresantes y aterradoras que alguien podría enfrentar, ¿por qué? Simplemente por miedo a lo desconocido.

La mayoría no es naturalmente experta o no tiene inclinación a hablar formalmente frente a un grupo de colegas o desconocidos, y nos preocupamos por todas las cosas que podrían salir mal. ¿Y si me olvido de lo que voy a decir? ¿Y si me tropiezo caminando al escenario? ¿Qué pasa si alguien en la audiencia me molesta o causa un disturbio? ¿Qué pasa si mi charla no es tan buena como la de los otros oradores? ¿Qué pasa si mi presentación de PowerPoint no se carga correctamente? ¿Qué pasa si me quedo sin tiempo en medio de mi charla? ¿Qué pasa si me quedo sin audio?

Podría seguir y seguir con una lista de lo que podría salir mal. Por supuesto, para cada persona los temores serán un poco diferentes, pero sea lo que sea lo que te preocupe, puedes relajarte sabiendo que no eres la primera, y ciertamente, no serás la última persona a la que le inquieta hacer un discurso o una presentación frente a un público.

Durante el transcurso de este libro discutiré sobre todos los temores comunes que acabo de resaltar y, lo que es más importante, aprenderás formas específicas de superarlos para que, en lugar de temer la posibilidad de hacer una presentación, la estés esperando con ansias y la disfrutes. Sí, mantendré la promesa de hacer que hablar frente a un público pase de ser algo estresante, a ser una habilidad natural en ti.

HABLAR EN PÚBLICO O HACER UNA PRESENTACIÓN

A lo largo del libro, nos referiremos tanto a hablar en público como a presentaciones.

¿Cuál es la diferencia entre estos dos términos? Hablar en público implica, como su nombre lo indica, hablar al público. En otras palabras, la audiencia generalmente está formada por un grupo considerable de personas desconocidas, podría ser un funcionario del gobierno que habla a los residentes de su distrito local, un ministro que habla a una congregación o un orador en una conferencia internacional.

Las presentaciones, por otro lado, tienden a tener lugar principalmente en el entorno empresarial, y generalmente involucran a un público de menor tamaño. Por ejemplo, un grupo de directores en una sala de juntas que está viendo una presentación de PowerPoint. También podría ser un gerente de ventas que presenta en Zoom un resumen de desempeño trimestral a su equipo, un empresario que intenta ganar más clientes haciendo una videoconferencia o un ingeniero que brinda capacitación formal a un grupo de compañeros de trabajo reunidos. En su mayor parte, los términos hablar en público y las presentaciones son intercambiables, los consejos que serán proporcionados aquí se aplicarán a ambas situaciones y muchos de ellos aplican también para videoconferencias.

La razón principal por la que ambas expresiones se utilizan de manera intercambiable, es para reforzar el punto de que puedes tener éxito en dar charlas dentro de cualquier entorno, independientemente del tamaño de la audiencia, el lugar específico, el medio, etc.

En una nota similar, ocasionalmente haremos referencia a estar en el escenario. Si bien este puede ser literalmente el caso para algunos lectores, lee esta expresión como "el momento en que presentas tu información", ya sea que te encuentres o no en un escenario real.

LO QUE ESTE LIBRO HARÁ POR TI

Hay muchos beneficios que vienen con ser un presentador experto, en primer lugar, estarás libre del estrés que te aqueja cada vez que se te pide dar unas palabras o una presentación, ya no tendrás que sudar frío, tener el corazón acelerado y sentir un malestar en la boca de tu estómago. Librarse de esas cosas ya es beneficio suficiente para ti, pero hay mucho más.

Tu nueva confianza para hablar en público mejorará muchos aspectos de tu negocio, tu desempeño profesional, tus entrevistas de trabajo, tus relaciones públicas y tus habilidades de negociación y ventas mejorarán. De hecho, tu capacidad para comunicarte de manera efectiva en prácticamente cualquier circunstancia aumentará. Con el tiempo, se eliminarán los malos hábitos del habla que estén profundamente arraigados, tu capacidad para concentrarte en las tareas será mayor, aprenderás a disfrutar de la investigación y el estudio, desarrollando tu propio método para aprender en el proceso.

Tu nueva autoconfianza hará que tu audiencia aprecie más tu mensaje y te reconozca. Si eso parece un sueño en este punto, simplemente aplica los consejos de esta guía y eso que hoy parece imposible se convertirá en realidad.

Puede que te estés preguntando cómo tus habilidades actuales, o la falta de ellas, afectarán tu capacidad para tener éxito al hablar en público. Si bien es cierto que algunas personas tienen cierta aptitud natural que les facilita hablar frente una audiencia sin temor, este no es el caso con la mayoría de las personas.

Esto debería ser una buena noticia para ti, porque significa que puedes aprender a cautivar a tu audiencia, al igual que otras personas han aprendido a hacerlo. Tu edad, nivel educativo, nacionalidad o factores similares no deben disuadirte ni impedirte que te conviertas en un orador que presenta sus temas con total seguridad. Entonces, incluso si actualmente tienes dudas sobre tus habilidades, ten la seguridad que puedes tener éxito cuando de cautivar a la audiencia se trata.

LA IMPORTANCIA DE ESTABLECER METAS

A medida que avanzas en la guía, puedes sentirte un poco abrumado por la cantidad de información nueva, por lo que la tarea puede parecer imposible. Si te sientes así, selecciona éstas técnicas de manera específica y trabaja una por una.

Como ejemplo, piensa en la primera vez que aprendiste a conducir. Al comienzo la coordinación y el esfuerzo mental requerido para manejar el vehículo sin problemas parecía demasiado difícil, probablemente pensaste: "No creo algún día lograr dominar esto, es muy difícil", pero tu instructor de manejo te alentó a concentrarte en una tarea a la vez. Una vez que dominas el control del clotch, puedes seguir adelante para corregir la manera de dar vuelta, luego aprender a ir en reversa y así sucesivamente. Gradualmente mejoraste hasta el punto en que ahora casi no piensas en el complicado proceso que es conducir, es casi automático para ti. Así es como puedes llegar a presentar de manera profesional, eventualmente esta habilidad se convertirá en algo natural para ti, al igual que otras habilidades que has aprendido en la vida, como caminar, andar en bicicleta y conducir.

RESUMEN: *El miedo a hablar en público es muy común, no estás solo. Puedes superar el miedo y el estrés relacionado con hablar en público. Debes tener la determinación de seguir adelante y aplicar paso a paso esta guía. Tener confianza y habilidad para hablar en público mejorará otras áreas de tu vida, quizás también tu nivel de ingresos.*

Capítulo 2:

¿Qué Hace A Un Buen Orador?

● ● ●

En un momento determinado, es probable que hayas escuchado una charla o una presentación en la que el orador parecía agradable y el contenido era informativo, pero parecía faltar algo.

Quizás no pudiste señalar exactamente qué era ese algo, pero saliste de la presentación con un sentimiento de decepción en vez de emocionado y lleno de entusiasmo. Por otro lado, quizás en algún momento viste una presentación que te motivó desde las primeras palabras, y hasta olvidaste el paso del tiempo de tan involucrado que estabas.

Obviamente, tu objetivo es estar en el grupo de oradores del segundo ejemplo.

Entonces, ¿qué es lo que hace a un gran orador? ¿Es posible identificar y enseñar eso? En primer lugar, superemos un mito que se ha perpetuado. La mayoría de la gente piensa que los buenos oradores solo son buenos porque presentan un tema interesante. Sostienen que no es posible hacer interesante un tema aburrido.

Eso sencillamente no es cierto. No existe un tema aburrido, pero hay muchos presentadores que sí lo son. Claro, es más difícil que ciertos temas tediosos se vuelvan interesantes, pero es posible y aquí aprenderás cómo.

Francamente no hay un factor único que haga a un gran orador. Sin embargo, hay una serie de elementos que generalmente están presentes, mismos que discutiremos en un momento.

Observa bien a todos los presentadores que puedas para hacer tu propia evaluación. Aprende de los buenos y de los malos. Si una presentación fue fría o aburrida, pregúntate qué la hizo así. Si fue agradable, intenta determinar qué te hizo disfrutarla. Ese tipo de evaluación es muy útil para permitirte ver por cuenta propia lo que hace a un buen disertador.

Por lo tanto, a continuación te presento algunas características básicas que se pueden observar en personas que presentan de manera interesante y cautivadora y que podrás desarrollar a medida que avanzas en esta lectura.

CONOCIMIENTO DETALLADO DEL TEMA

Como muchas otras personas, hay algunos pasatiempos en los que disfruto participar, pero de los que sé muy poco. En una ocasión, cuando me enviaron una invitación para asistir a una feria comercial relacionada con mi área de negocio, pero que presentaba muchas opciones novedosas para mi, aproveché la oportunidad para ampliar mis conocimientos sobre ciertos temas que no conocía antes de asistir al evento.

Al llegar, me inscribí en dos de las sesiones que presentaban algunos especialistas, y mientras asistía a esas funciones, sucedió algo interesante. La primera conferencia fue presentada por un individuo mayor, que obviamente tenía años de experiencia y nos expuso consejos prácticos. Luego, sin esfuerzo, respondió a las preguntas de la audiencia, nuevamente, brindando muchas ideas útiles e información genuinamente valiosa. Hasta aquí todo bien.

La siguiente charla era la que esperaba con más ansias, pero resultó un completo desastre. No estaría exagerado al decir que la persona que brindó la plática no tenía ni idea de lo que estaba hablando.

Hizo varias afirmaciones que yo sabía que no eran ciertas, presentó estadísticas falsas e inexactas, constantemente le pidió a la audiencia sus opiniones sobre diversos temas, lo cual no es algo malo en sí mismo, pero era obvio que lo hizo debido a la falta de conocimiento de su parte.

De hecho, el comportamiento y el estilo de presentación de este segundo orador indicaban que estaba fuera de lugar, y que carecía de la preparación necesaria para enseñar a otros. Terminó su presentación con 15 minutos de sobra, sin duda debido a la falta de material. Fue una ponencia terrible y no aprendí ni una sola cosa nueva.

Aunque estaba molesto por haber invertido tiempo valioso para escuchar esa charla, no vi ningún punto en hacer algún reclamo o poner en evidencia al presentador. Sin embargo, me sorprendió saber más sobre el tema expuesto que el orador mismo, y cuando hubo oportunidad, otro miembro de la audiencia y yo intervinimos con un par de comentarios y sugerencias en beneficio del resto del público.

Realmente me sentí mal por aquellas personas que confiaron en el trabajo de aquel supuesto "experto" que simplemente no conocía sobre el tema. Esa experiencia debe reforzarte que el conocimiento detallado y preciso de tu tema, es un requisito para ser un orador profesional.

Si bien el conocimiento detallado no se traduce automáticamente en una buena exposición por sí sola, es un requisito básico para llegar a ser un orador sobresaliente. Después de todo, ¿cómo puedes esperar educar a otros sobre algo con lo que no estás completamente familiarizado? Por lo tanto, para enseñar con autoridad necesitas conocer el tema de adentro hacia afuera, al revés y al derecho...¿queda claro? No puedes aparentar que sabes algo que en realidad desconoces ya que perderás toda credibilidad.

CONFIANZA

Ten en cuenta que la confianza aquí no se traduce en ser arrogante. Todos hemos visto individuos, y afortunadamente son la minoría, que se suben al escenario y se desenvuelven de una manera hábil y segura, pero han ensayado demasiado y eso el público lo percibe como algo artificial. Pueden sentirse importantes, pero créeme que la mayoría de las personas en la audiencia no están impresionadas.

En ocasiones, un orador que se siente más confiado y despreocupado, puede reflejar un exceso de confianza que raya en el protagonismo. E insisto, las audiencias tienden a dejar de prestar atención en estos casos.

La confianza adecuada significa estar convencido de lo que estás diciendo y estar seguro de tu información, lo cuál generalmente se manifiesta cuando estás en el escenario. También puede darse el caso de observar una falta de confianza cuando un orador está nervioso, inseguro de sí mismo, conduciéndose torpemente o hablando con voz tímida.

En alguno de los tantos eventos que produje con mi empresa productora de eventos, fui testigo de cómo el director de una compañía se dirigía a un *staff* de aproximadamente 350 empleados y obviamente no confiaba en lo que estaba diciendo, de todas formas, no eran tanto las palabras que decía, sino su comportamiento y la forma en que decía las cosas lo que hizo que el público estuviera incómodo.

TONALIDAD, VOLUMEN, MENSAJE

La compañía liderada por este presentador, estaba pasando por momentos difíciles e hizo promesas poco convincentes sobre el crecimiento, que parecieron tener un efecto negativo más que positivo, en la moral del personal.

Si el propio director aparentemente no estaba convencido de un futuro optimista para su compañía, ¿cómo podía esperar que su personal lo estuviera? Curiosamente, en este ejemplo resultó que el orador estaba genuinamente convencido de las perspectivas de su compañía, pero simplemente no era competente para hablar en público, había estado nervioso ante la idea de confrontar a los empleados, y como resultado, el daño que causó fue enorme.

Conclusión: la confianza adecuada está directamente relacionada con una buena preparación.

SE AMIGABLE Y ACCESIBLE

Ser amigable y accesible es crucial si quieres ganarte a la audiencia. Al usar la expresión "ganarse al público", me refiero a la capacidad de hacer que el público escuche de forma natural tu mensaje, no en desaprobación ni de manera forzada, para que acepten más fácilmente las acciones que propones.

A veces, sin darte cuenta o voluntariamente, tu postura física y tu comportamiento pueden poner una barrera entre el público y tú, otras veces la elección inadecuada de palabras puede alejarte de tu audiencia. Veamos estos aspectos con un poco más de detalle.

Si eres sociable, lo que significa que disfrutas interactuar con otras personas, te resultará relativamente fácil ser amigable y accesible en el escenario. Tienes una ventaja. Por otro lado, si eres una persona tímida, será más un desafío para ti y tendrás que trabajar duro para superar la percepción de la audiencia de que eres indiferente o distante.

Esto es un poco injusto, por supuesto, porque muchas personas reservadas y tranquilas son muy amigables una vez que las conoces. No es incorrecto ser una persona tranquila, como tampoco lo es ser una persona extrovertida y alegre. Pero, en cualquier caso, es importante que prestes atención a la personalidad que proyectas mientras está en el escenario, te guste o no, serás juzgado mientras te encuentres en ese entorno.

Después de un evento, a menudo escucharás a los miembros de la audiencia hablar entre ellos sobre los presentadores y dirán cosas como "el último orador fue bastante malo, ¿no?" O "Me gustó mucho "Fulanita de Tal", parecía conectar con todos".

El contenido de ambos conferencistas probablemente fue igual de bueno, pero uno se destacó como mejor que otro en la mente del público, a menudo se da preferencia al disertador que se percibe como amigable y accesible. Las audiencias siempre aprecian cuando son sensatos, en lugar de aludir a la superioridad.

SÉ AUTENTICO

La autenticidad es una gran cualidad para desarrollar en este entorno, naturalmente las personas autenticas atraen atención, esto incluye a cualquier individuo que no tenga una opinión demasiado inflada de sí mismo.

Por el contrario, tendemos a alejarnos de quienes se perciben sobreactuados y son propensos a presumir, o que están súper orgullosos de sus propios logros. Ten en cuenta que puedes ser exitoso y a la vez auténtico. La autenticidad es una fortaleza que debes saber explotar.

Por otro lado, algunos oradores parecen comenzar cada oración con "Yo", dando la impresión de que solo están interesados en sí mismos, esto rápidamente se vuelve aburrido y hace que la mayoría de las audiencias dejen de prestar atención. Esa implacable autopromoción usualmente es percibida como que la persona está alardeando o presumiendo.

Una manera muy simple de ser amigable y accesible es sonreír. Esto parece obvio, pero la tensión por dar una presentación hace que muchos oradores sean demasiado serios, incluso al punto de parecer antipáticos. Una sonrisa cálida y sincera puede ganarte a la audiencia en un instante, inténtalo.

De hecho, siempre debes sonreír al comienzo de tu presentación, antes de hacer cualquier otra cosa, además de enviar una señal a la audiencia que te complace verla, también te ayudará a relajarte.

Por supuesto, no fuerces la sonrisa, debe ser genuina, cálida y sincera. Recuerda, incluso si tu tema es serio, una sonrisa tranquiliza a la audiencia, les hace saber que aprecias su atención.

Mientras trabajaba como productor de eventos, noté que un director de una compañía para la que mi empresa prestó sus servicios, se destacó por ser mucho más accesible y amigable al dar discursos a la fuerza de ventas, como resultado, ganó notablemente más respeto que cualquiera de las otras figuras de la directiva.

Me llamó la atención y comencé a ver sus discursos con más detenimiento, observé varias cosas; en primer lugar sonreía con frecuencia. Era evidente que le importaba tratar a su personal de la mejor manera posible. Y, en tercer lugar, habló desde el corazón, siendo completamente honesto y abierto con ellos. No fue el orador más elocuente de ninguna manera, pero fue muy persuasivo. ¿Puedes ver lo importante que es ser auténtico y amigable?

CONOCE A TU AUDIENCIA

En la industria de la música, cuando una banda o un artista sale de gira, por lo general tienen un horario abarrotado, tocando en un pueblo o ciudad diferente cada día de la semana, tanto que a veces se olvidan de dónde están en un momento dado.

Casi todas las bandas en un momento han salido al escenario y anuncian con orgullo cuán felices están de estar en Cuernavaca, cuando en realidad están en algún lugar de Tamaulipas. Sí, es divertido leer sobre estos casos, pero el mismo tipo de cosas sucede a menudo a quienes hacen presentaciones en público, ¿cómo es eso? Muchos oradores repiten el mismo discurso una y otra vez a diferentes audiencias, sin pensar en adaptarlo a la multitud a la que se dirigen en ese momento, lo cual nos lleva a nuestro siguiente punto.

ADAPTA LA PRESENTACIÓN A TU AUDIENCIA

Muchas veces escucho a los oradores decir algo como: "Esta presentación la hice a un grupo de médicos el año pasado, por lo que algunas cosas no se aplicarán a lo que escuchen hoy, pero por favor, presten atención".

¿Te sentirías importante si estuvieras en esa audiencia? Los comentarios de este tipo, naturalmente, hacen que el público piense que no son lo suficientemente importantes para una presentación personalizada y, como es de esperar, tienden a no prestar atención.

Piensa ¿Qué necesitas hacer para que algunos ajustes en tu discurso se adapten a tu nueva audiencia?

De verdad es una falta de respeto e interés para tu público si no lo haces.

Siempre debes tratar de hacer que el público se sienta especial, poniendo atención a sus necesidades e intereses, en lugar de optar por el enfoque de *talla única* para todos.

Si no estás familiarizado con la audiencia, entonces investiga de antemano. Incluso unos pocos comentarios breves que reconocen su situación o circunstancias específicas, contribuirán en gran medida a ganártelos.

Hoy en día, después de aprender estos consejos de un amigo muy querido que ha hecho docenas de presentaciones por toda América Latina, cada vez que tengo una presentación, hago todo lo posible para investigar sobre la compañía o grupo a que me estaré dirigiendo: me entero de sus productos, servicios, su historia, quién es popular, etc.

Armado con toda esta información, preparo una presentación personalizada muy específica que resulta relevante e interesante para mi público. A lo largo de los años, también he aprendido a desarrollar técnicas de memoria que me permiten recordar algunos pequeños detalles y recordarlos sin tener que siempre usar notas y esto es algo que el público aprecia.

Sí, me lleva mucho más tiempo preparar cada presentación, pero al final siempre vale la pena.

SINCERIDAD Y CONVICCIÓN

La mayoría de nosotros hemos visto ejemplos de oradores sinceros y simulados, y son fáciles de diferenciar, diferenciar. Los oradores insinceros pasan por el proceso de hacer una presentación, pero parecen algo desinteresados y quieren abandonar el escenario lo más rápido posible, su presentación no tiene profundidad, sus palabras carecen de convicción y no son persuasivas.

Al contrario, los oradores sinceros se toman su tiempo, asegurándose de que la audiencia entienda completamente los puntos que desean transmitir y a menudo, responden preguntas hasta que la audiencia esté plenamente satisfecha. También invitan y aprecian los comentarios después de la charla y parecen mejorar continuamente el contenido y calidad de sus presentaciones. Si una audiencia siente que realmente no crees en lo que estás diciendo, dejarán de prestar atención. Las personas no son tontas, pueden notar fácilmente cuando alguien no está convencido realmente de lo que dice.

De nuevo, esto puede sonar obvio, pero es algo muy común por parte de los empresarios de nivel superior. Por ejemplo, es una práctica común que los directores utilicen un *teleprompter* y posteriormente, solo echen un rápido vistazo al guion suministrado antes de presentarlo. El resultado es una charla impersonal.

Del mismo modo, es muy común que las empresas contraten presentadores profesionales para transmitir un mensaje de ventas, por ejemplo, en una feria comercial.

Lo que sucede de manera inherente, es que estos presentadores se aprenden un guion que recitan como un loro cada pocos minutos durante la duración de la expo. Incluso un presentador bien calificado, no logra conectar con la audiencia cuando no hay sinceridad y convicción de su parte, a la hora de exponer su tema.

Repiten los mismos comentarios y hasta las mismas bromas, todos los días que dura el evento.

Por el contrario, cuando ves al propietario de una pequeña empresa conversar con una audiencia sobre su última oferta, hay una notable pasión y creencia en su compañía, y esa combinación de sinceridad, entusiasmo y energía es muy persuasiva. Para ser sincero, debes creer verdaderamente en el mensaje que estás presentando, si aún no estás convencido, entonces debes hacer más para estarlo o cambiar de tema. Necesitas ser honesto, franco y serio, estas son cualidades que están bajo la bandera de la sinceridad.

Mientras disfrutaba de un crucero hace unos años en compañía de mi esposa y mis dos hijos, pude presenciar a dos oradores que presentaron cada uno temas muy diferentes, estas son las personas encargadas de enriquecer la experiencia de los pasajeros, mediante la exposición de una variedad de temas en sus conferencias.

Así, uno de los oradores había sido invitado a bordo durante una semana y presentó una serie de conferencias sobre arquitectura europea, y aunque no fue un tema que me interesara personalmente, este presentador obviamente se sentía apasionado por su contenido y su entusiasmo fue contagioso.

En contraste, el otro orador era un miembro del Staff del crucero, que trabajaba a tiempo completo, semana a semana, y presentó una sesión con un tema acerca de la historia del vino y cómo apreciar una buena cosecha. En lo personal, me pareció muy evidente que este presentador no quería estar allí, ya que estaba ansioso por terminar la presentación lo antes posible.

El me dijo que era uno de los pocos miembros de la tripulación que sabía de vinos españoles y franceses, que era un requisito para que presentara la charla, pero continuó diciéndome que no se sentía calificado para exponer profesionalmente estos temas a un público ávido de aprender. En otras palabras, sabía del contenido pero no de la forma de presentarlo, por lo que su corazón no estaba en ello y se notaba. ¿Ves por qué la sinceridad y considerar importantes tus propios temas son fundamentales para hacer una presentación de valor?

MANTENLO SIMPLE

La mayoría de las personas naturalmente asumen que para ser un buen orador es necesario impresionar a la audiencia con contenido inteligente, complicado y altamente original. Generalmente lo contrario es cierto.

Los mejores oradores son aquellos que hacen que un tema complicado sea fácil de entender, utilizando un lenguaje que es familiar para toda la audiencia. Cuando un orador usa muchas palabras complicadas que no son comprensibles para la audiencia, estropea la efectividad de su charla.

Tu objetivo como orador no debería ser impresionar a una audiencia, sino educar, entretener y persuadir. Dependiendo de la circunstancia, uno de estos tres elementos tendrá prioridad. Por ejemplo, si estás haciendo una presentación de ventas, tu principal objetivo es persuadir a la audiencia para que compre tu idea, por supuesto, también puedes educarlos y entretenerlos en el proceso. Si estás realizando un curso de capacitación, tu objetivo principal será educar, pero también puedes incluir elementos de persuasión y entretenimiento para ayudar a lograr ese objetivo. Si te contratan como orador después de una cena de gala, tu prioridad es entretener con datos relevantes de interés general. Pero la idea de mantener tu exposición simple se aplica a todas estas situaciones.

RITMO QUE SE ADAPTA A LAS CIRCUNSTANCIAS

Los buenos oradores suelen presentar su información a un ritmo relajado y sin prisas, no son demasiado lentos ni demasiado rápidos. Por el contrario, los oradores inexpertos y nerviosos suelen hablar demasiado rápido, y como resultado hacen que algunos espectadores se confundan, se tropiezan con sus propias palabras y finalmente pierden la atención de la audiencia. Es muy agotador tratar de escuchar a un orador que habla demasiado rápido. Por supuesto, siempre hay excepciones a la regla, y ocasionalmente algunos oradores utilizan deliberadamente un ritmo rápido porque se ajusta a su estilo, restricciones de tiempo o una finalidad, como puede ser vender algo al final de su presentación.

CONTACTO VISUAL

El buen contacto visual con la audiencia es una de las características más importantes que se puede observar entre los mejores oradores. El contacto visual constante muestra que el disertador tiene un interés genuino en la audiencia. Por el contrario, el presentador que rara vez quita la mirada de sus notas, probablemente perderá la atención de los espectadores.

Entonces, en resumen, hemos cubierto una serie de características identificables en grandes conferencistas, tus presentaciones también deben incluir estas propiedades. Tu objetivo final es enganchar a la audiencia, de modo que estén atentos mientras compartes tu información.

Ahora, pasemos a ver detalladamente las formas específicas para mejorar tus habilidades como orador o presentador, y notarás que los nervios y el estrés, desaparecen gradualmente en el proceso.

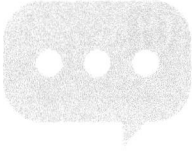

RESUMEN: *Comienza a pensar en los factores clave que contribuyen a hacer un buen orador y tómalos en cuenta a la hora de presentar tus contenidos. El conocimiento detallado de tu tema, la confianza en ti mismo, ser amigable y accesible con tu audiencia, diseñar una presentación adaptada al público, sinceridad, autenticidad y creer en tu mensaje manteniéndolo simple, con un ritmo apropiado y contacto visual, son las claves de tu éxito como presentador o conferencista.*

Capítulo 3: Preparación

● ● ●

La clave para el éxito es tu preparación. Incluso los oradores más experimentados y exitosos toman tiempo para prepararse para cada una de sus presentaciones, sin importar qué tan bien conozcan su tema, e incluso si han dado el mismo discurso muchas veces en el pasado.

Un prominente conferencista en el mundo de los negocios, me relató cómo en una ocasión lo sorprendieron con la guardia baja. Sus amigos lo conocían como un gran orador público, y un día hicieron una fiesta sorpresa para él. Después de haber entrado inocentemente a una habitación oscura, las luces se encendieron y de repente se encontró frente un mar de rostros familiares que gritaron: "sorpresa".

Para su desencanto, los invitados inmediatamente exigieron unas palabras, por supuesto que todavía se tambaleaba por la conmoción del momento y obviamente no tenía nada preparado.

Pidió unos momentos para recuperar la compostura y usó ese tiempo para pensar en tres puntos para mencionar en su discurso. Una vez teniendo esos puntos básicos en su mente, sintió que estaba listo. Ni siquiera mi amigo, que es un orador de renombre y que imparte pláticas y conferencias casi cada semana, estaba listo para improvisar un discurso sin antes pensar en qué iba a decir. Aquí tienes una de las lecciones más importantes de este libro: la preparación minuciosa es absolutamente esencial para tu éxito como orador público.

Cuando hablamos sobre la preparación, tu primer pensamiento probablemente será el discurso en sí, la estructura, la elección de las palabras, etc. Si bien eso es cierto, la preparación abarca una amplia gama de cosas según las circunstancias. Por ejemplo, imagínate que estás contratado para presentar un discurso frente a un grupo de estudiantes, el orador inexperto simplemente escribirá algunas notas un día antes de la charla, se presentará a la hora acordada y presentará el discurso. En esa situación invariablemente surgirán varios problemas, que aumentan en gran medida el estrés del orador, por lo que es poco probable que pueda dar lo mejor de sí mismo.

Como ponente profesional experimentado, investigas y prepararás cuidadosamente los siguiente aspectos: Ubicación, ¿a qué distancia está el lugar de tu casa? ¿cuánto tardarás en llegar allí? ¿conoces el camino? Cuando llegues, ¿dónde puedes estacionarte? ¿Se requiere un pase especial? ¿a quién debes informarle que has llegado y a qué hora? Si llegas al evento después de haber viajado, ¿hay tiempo para tomar tus alimentos? Cosas como estás son importantes para tomar en cuenta, si quieres evitar sorpresas y contratiempos.

EL PÚBLICO

Debes también investigar a qué tipo de público te diriges. ¿tratarás algún tema en especial? ¿son empleados? ¿dueños de negocio? ¿universitarios? ¿cuál es la edad promedio de la audiencia? ¿cuántas personas habrá en el auditorio? ¿está invitado a algún personaje importante? Y si es así, ¿quién es?

Otros aspectos importantes son: ¿a qué hora te puedes sentar a organizar tus pendientes relativos a la plática? ¿quién abrirá el lugar si es a primera hora de la mañana? ¿quién te presentará? ¿por cuánto tiempo deberás hablar? ¿se harán preguntas? ¿hay otros oradores programados? Y si es así, ¿de qué hablarán? ¿se te necesita después para saludar a los asistentes? ¿y si es así, por cuánto tiempo?

ASPECTOS TÉCNICOS

Investiga con anterioridad quién estará a cargo de los equipos de audio, proyección y en su caso, iluminación, y haz un espacio en tu agenda para ponerte de acuerdo con ellos acerca de los detalles de tu ponencia. ¿Cómo estarán dispuestos los asientos para el público? ¿Se proporcionará un micrófono? En caso afirmativo, ¿será inalámbrico o por cable? ¿El micrófono será de diadema o sujetado a la corbata? ¿hablarás desde una posición fija? ¿dónde están las tomas de corriente más cercanas? ¿necesitarás un cable de extensión para tu computadora? ¿hay una pantalla de proyección en el sitio? Y si es así, ¿de qué medida es, y si es apta para el tamaño de la audiencia? ¿tiene la sala la posibilidad de mantener las luces apagadas durante la proyección? ¿Necesitas traer tu propio proyector o las instalaciones ya tienen?

Como puedes ver, hay mucho más para la preparación que solo escribir y salir al escenario a presentar la charla. Además de los asuntos mencionados anteriormente, la preparación incluye estar mentalmente preparado, considerar qué harías si hubiera algo inesperado, por ejemplo, ¿cómo manejarías la situación si alguien en la audiencia se desmaya?, es necesario tener idea de qué hacer si la sala se tiene que despejar rápidamente debido a una emergencia, ¿cómo afrontarías el problema? ¿qué harías en caso de que tu tiempo de presentación de repente se reduzca a la mitad? ¿qué ropa debes usar? Y una larga lista de etcéteras.

No puedes anticiparte a todas las eventualidades posibles que se pueden presentar, pero conviene estar preparado por lo menos sabiendo qué hacer ante los ejemplos arriba mencionados. Esto puede parecer excesivo o innecesario, pero es algo que los mejores oradores tienen muy presente.

Sí, la preparación lleva tiempo, pero definitivamente vale la pena el esfuerzo. El sentimiento de satisfacción y confianza que se obtiene al saber que estás completamente equipado y listo para hacer tu presentación, así como para hacer frente a cualquier cosa inesperada que pueda surgir, vale la pena el tiempo y el esfuerzo que involucra.

En última instancia, una preparación minuciosa te permitirá superar virtualmente cualquier circunstancia imprevista en tu presentación, nada te desconcertará, tener ese nivel de confianza tiene un precio que hay que pagar, y con el tiempo, esto es algo que será automático para ti. Ahora, hay que hablar de algunos detalles sobre cómo prepararse.

Al elegir un estilo de presentación, tu primera tarea importante es decidir qué tipo de discurso presentarás. Es importante que entiendas en tu mente lo que quieres lograr, así que intenta rellenar el espacio en blanco que falta en la siguiente oración:

"Mi objetivo al presentar este tema es que el público _____".

Ahora que tienes el propósito de la charla claramente definido, determina cuál de los siguientes estilos de presentación se ajusta mejor a lo que escribiste, simplemente lee las siguientes posibilidades:

1. PERSUASIVO

Aquí es donde el objetivo de tu charla es persuadir a la audiencia para que acepte una línea de razonamiento particular y luego tome la acción que propones. Las presentaciones de ventas, debates y algunos discursos políticos, encajan dentro de este estilo. Por ejemplo, en la presentación de ventas, tu objetivo es lograr que la audiencia realice un pedido de tu producto o servicio. Un discurso político gira en torno a motivar a la audiencia a tomar una acción específica. Un debate implica tratar influir en la audiencia para que piense de la misma manera que tú. Todos estos tipos de conversación son de naturaleza persuasiva.

2. EDUCATIVO

Este estilo de presentación se enfoca en proporcionar información para mejorar el conocimiento y/o la capacidad de los miembros del público. Dentro de esta categoría se incluyen conferencias, lecciones escolares y universitarias, talleres y sesiones de capacitación, cualquier tipo de discurso o presentación que implique la enseñanza o la demostración de algo puede ser clasificado como educativo.

3. ENTRETENIMIENTO

Aunque muchos discursos pueden incluir algunos elementos que son entretenidos, a veces el entretenimiento es el único propósito de una presentación. Un gran ejemplo de esto es el orador después de la cena en un evento, cuyo objetivo a menudo es captar la atención de los invitados a través de datos relevantes y de interés común o quizás cosas divertidas para que pasen un rato agradable.

4. MOTIVACIONAL

Si quieres que el público se llene de energía y se inspire para llevar a cabo sus metas, entonces te enfocarás en hacer que tu mensaje sea motivador. Tal vez hayas superado una situación adversa y deseas inspirar a otros a hacer lo mismo. O quizás hayas notado que la fuerza laboral debe estar más unida y les diriges unas palabras en ese sentido. Todas estas circunstancias se prestan para entregar un mensaje que motive a tomar acción.

PREPARANDO EL CONTENIDO

Una vez que sabes qué tipo de charla estás presentando, ¿cómo preparas el contenido? ya sea que te proporcionen algún tipo de material que necesites desarrollar en tu discurso, o presentes temas derivados de tu propia experiencia, cada una de estas posibilidades requiere un estilo de preparación diferente.

Cuando estás trabajando con un material que te ha sido proporcionado, es esencial revisarlo y estudiarlo hasta comprender completamente el tema. En una primera lectura, simplemente léelo a tu ritmo normal, lo que te proporcionará una visión general. En la segunda lectura, lee el material a un ritmo más lento, prestando más atención a los detalles y los puntos más finos. En la tercera lectura, concéntrate en lo que, de manera intuitiva, consideres que es lo principal, así como puntos clave para enganchar a la audiencia.

Si bien el material de origen proporcionado a menudo es adecuado por sí mismo, a veces puede ser mejor investigar otras fuentes sobre el mismo tema, tal investigación puede ayudarte a comprender y entender mejor todo el contenido manteniendo siempre la información que te haya sido proporcionada, como tu principal punto de referencia.

Como nota general, casi siempre encontrarás que tienes más información de la que puedes usar, así que sé exigente y descarta cualquier cosa que no sea relevante, también considera lo que el público ya sabe sobre el tema, porque no tiene sentido pasar tiempo cubriendo material con el que ya están muy familiarizados.

Si depende de ti investigar para tu presentación, entonces se trata de un proceso ligeramente diferente. Si tienes el tema en mente, es sorprendente cómo unas pocas noches de dormir pensando en lo que vas investigando, pueden revelarte mucha información a nivel subconsciente, para ordenar la información.

A menudo se te ocurrirá una forma única de hacer tu presentación, imprimiéndole tu propio estilo, en lugar de sencillamente repetir los pensamientos e ideas de otras personas.

A lo largo de este proceso, siempre pregúntate «¿qué?» «¿cuándo?» «¿por qué?» «¿dónde?» «¿quién?» y «¿cómo?". Pensar en esas preguntas te ayudará a investigar el contenido de una manera lógica, que refleje el pensamiento natural de la audiencia. Uno de los errores más comunes que cometen los oradores sin experiencia, es tratar de incluir demasiada información en la charla. No hay nada de malo en querer proporcionar mucho contenido, pero demasiado contenido tiene invariablemente un resultado negativo, al obligarte a apresurar tu exposición, y la audiencia puede verse tan inundada de información que se va con una confusión general en el cerebro, y no con puntos específicos en mente.

El otro problema al tratar de meter demasiada información en la ponencia, es que no podrás dedicar el tiempo suficiente a cada punto. Para que la audiencia obtenga el mayor beneficio, necesitas expandirte y discutir cada punto clave, y eso lleva tiempo. Tu objetivo debe ser que la audiencia se vaya con solo tres o cuatro puntos clave en mente, porque eso es lo más que recordarán, sin importar cuánto tiempo estés hablando. En este punto, estás listo para seleccionar un tema para tu presentación utilizando las pautas en la siguiente sección. Presentar en segmentos.

RESUMEN: *La preparación es la clave número uno para el éxito. La preparación completa incluye prestar atención a la ubicación, el tipo de audiencia, el orden de los eventos, las consideraciones técnicas y más. Sigue un proceso lógico y estructurado para preparar tu charla, utilizando todas las herramientas de investigación disponibles que tengas a la mano. Pregúntate «¿Qué?» «¿Por qué?» «¿Cuándo?» «¿Dónde?» «¿Quién?» y «¿Cómo?».*

Capítulo 4: Tu Tema

• • •

Una vez que hayas investigado y seleccionado tus puntos clave, debes desarrollar el tema de tu charla, elegir el título y darle un enfoque específico.

Como ejemplo, el tema central para una charla podría ser "diseño de interiores", sin embargo, hay innumerables aspectos del diseño de interiores que potencialmente se podrían discutir, ahí es donde entra en juego tu tema específico, el cuál limita el enfoque de la charla.

Para el diseño de interiores puede ser cualquiera de los siguientes: la historia del diseño de interiores, consejos de diseño de interiores para cocinas, administración de costos de diseño de interiores, tendencias modernas en diseño de interiores, diseño de interiores estilo mexicano.

Cada uno de estos temas daría lugar a una presentación muy diferente, ¿puedes ver por qué un tema es tan importante? La forma en que elijas tu tema es otra forma de diferenciarte de la multitud, hay dos trampas en las que caen muchos presentadores inexpertos, la primera es elegir un tema después de preparar la charla, si haces eso, el contenido de la charla no va a coincidir con el tema tan eficazmente como debería.

El tema debe elegirse antes de armar la disertación, porque éste da forma a toda la charla y evita confusiones. El tema es algo a lo que debes referirte en toda la charla, es el hilo conductor, el pegamento que lo mantiene todo unido.

La segunda trampa común en la que muchos presentadores caen es seleccionar un tema que no despierte el interés de la audiencia o que no sea lo suficientemente descriptivo. Tu elección de tema puede marcar la diferencia entre atraer a unas pocas personas o una gran cantidad de personas a tu presentación. En un entorno de conferencia, la mayoría de los asistentes seleccionarán qué presentaciones verán al analizar el programa, si tu tema no es lo suficientemente descriptivo o interesante, no atraerás a mucha gente para que te vean en acción.

Entonces, ¿cómo se te ocurre un tema? es bastante simple, una vez que hayas reunido tu material, determina exactamente lo que deseas haber logrado al final de tu charla, trata de poner el objetivo de tu charla en una sola oración, al hacerlo terminrás encontrando el tema ideal. Sí, es posible que tengas que volver a trabajar un poco haciendo malabares con algunas palabras para que sea breve y suene mejor, pero en esencia tienes tu tema.

Si estás teniendo dificultades para poner la idea principal de tu charla en una oración, entonces necesitas simplificar y volver a lo básico. Después de todo, si no puedes expresar simplemente el propósito de la conversación, entonces a la audiencia no le resultará sencillo seguir tu línea de pensamiento. No olvides probar y ponerte en los zapatos de ellos, pregúntate "¿qué les haría querer escuchar mi charla?" "¿Qué tema les interesaría?".

Te voy a dar algunos ejemplos: para una sesión de conferencia sobre seguridad vial, ¿cuál de estos temas crees que atraería a la mayor audiencia? ¿"Problemas de seguridad vial más comunes", o "12 estrategias probadas para reducir drásticamente las muertes en carreteras en el centro de las ciudades"?

Para una charla sobre fotografía, ¿cuál de estos temas despertaría un mayor interés? "El negocio de la fotografía", o "De una simple afición a un negocio próspero. Cómo convertir tu interés en la fotografía en una carrera redituable". ¿Puedes ver el papel vital que juega tu tema?

La siguiente etapa de desarrollar una charla a menudo presenta muchos problemas para los oradores, así que examinémosla en detalle en el siguiente capítulo.

RESUMEN: *Elije tu tema al comienzo de la fase de preparación, no después. Asegúrate que describa con precisión tu charla y despierte interés.*

Capítulo 5:
Construyendo El Contenido

＊　＊　＊

Todo buen libro tiene una introducción que despierta la atención, una historia principal interesante y un final vigoroso. Además, estas secciones se combinan a la perfección a medida que se desarrolla la historia y todas las preguntas sin respuesta se resuelven al final de la lectura. Lo mismo debe pasar en tu presentación, debe tener un comienzo, tu introducción, un punto intermedio, la parte principal de tu charla y para cerrar, los comentarios finales.

Esas secciones deben fluir juntas y contar una historia que se desarrolla a medida que avanza la conversación; por supuesto, nada de esto sucede por accidente, requiere esfuerzo de tu parte en la etapa de preparación. Analicemos cada etapa y a lo largo del proceso. Refiérete a tu tema de cuándo en cuándo, para no desviarte de esa importante idea central.

Aquí tienes un ejemplo de introducción:.

"Bueno, es muy agradable estar aquí, gracias por invitarme hoy".

Fatal, ¿no crees? Este tipo de introducción viene seguida de los ronquidos de algunos miembros de la audiencia. Esa no es una introducción adecuada, de la misma manera, evita lo siguiente a toda costa "¿cómo está todo el mundo el día de hoy?".

Muchos oradores piensan erróneamente que, dado que una audiencia se reúne frente a ellos, cada individuo en la audiencia prestará automáticamente toda su atención durante toda la charla, nada podría estar más lejos de la verdad. Piensa en esto, en un asiento podría haber alguien que se despertó tarde, se apresuró para alistarse, y aún tiene en mente si recordó cerrar con cerrojo la chapa de su casa. En otro asiento podría haber una persona que asistió al seminario sin mucha motivación o tal vez en contra de su voluntad. Tenía una invitación para almorzar con un cliente ese mismo día, pero se vio ante la obligación de asistir al evento. Más atrás se encuentra un individuo que ya es una autoridad en el tema de tu charla y no cree que aprenderá nada de ti como orador. ¿Ahora entiendes la importancia de una introducción que enganche de inmediato al público? Desde el principio tienes el reto de conquistarlos a todos, incluyendo a estas personas.

Volviendo al ejemplo del libro, los primeros párrafos son donde la mayoría de las personas deciden continuar o abandonar la lectura, lo mismo sucede cuando se trata de la introducción de tu charla, una introducción efectiva es absolutamente esencial para el éxito de tu conversación, si no tienes a la audiencia interesada en los primeros 15 a 30 segundos, es probable que los pierdas por el resto de la conferencia. Por el contrario, si captas su atención en ese período de tiempo, generalmente se mantendrán enfocados y atentos.

Tu objetivo en los primeros segundos es hacer que el espectador piense "Quiero saber más sobre esto". Se pueden usar muchas técnicas diferentes para lograr este objetivo, pero todas requieren una cuidadosa preparación.

TÉCNICAS PARA UNA INTRODUCCIÓN EFECTIVA

Hay que examinar algunas técnicas específicas que ayudarán a despertar el interés del público. Las citas funcionan bien porque son intrigantes y tienden a incentivar el pensamiento. Imagina que un orador comienza su charla con las siguientes palabras, pronunciadas de manera lenta y clara: "Benito Juárez alguna vez dijo: "Libre y para mi sagrado es el derecho de pensar".¿Qué tan receptivo te encuentras el día de hoy, para que te enseñen algo nuevo que te ponga a pensar?".

Tan pronto como escuchas el nombre de Benito Juárez, la tendencia natural es ser curioso, ¿qué dijo Benito Juárez? ¿Cómo se va a relacionar esto con el tema?

LAS PREGUNTAS

Las preguntas apropiadas pueden funcionar bien porque también incitan a los participantes a pensar y responder a ellas mentalmente, capturando su atención en el proceso. Por ejemplo, ¿estarías intrigado si un orador comenzara su charla diciendo: "¿cuántos de ustedes recuerdan el programa de televisión *Ensalada de Locos*?". No puedes evitar sentir curiosidad ¿verdad? Por supuesto, si usas una pregunta, asegúrate de que sea interesante, de la misma manera, puedes usar preguntas que sean relevantes para ese grupo en específico, lo importante es captar la atención de todos los asistentes e interesarlos en lo que estás a punto de decir.

EL PROBLEMA/SOLUCIÓN

Aquí empiezas apuntando a un problema que requiere una solución, lo cual es otra forma efectiva de iniciar la presentación de tu tema. Por ejemplo, "este año más de 65,000 personas en nuestra comunidad se vieron afectadas por la emergencia sanitaria, las reclamaciones de seguro médico ascendieron a más de 19 millones de dólares y el turismo se redujo en un 75%. Hoy vamos a escuchar tres propuestas que pude aprender de expertos en la materia, que pueden servir para enfrentar la situación que nos heredó el COVID 19".

CONTAR UNA HISTORIA

Relatar una breve historia, una experiencia de vida o una anécdota interesante que te ocurrió ése o algún otro día, son buenas maneras de hacer que la audiencia se interese y preste atención. Sé descriptivo, cuéntala de la manera más interesante posible, y si puedes seguir regresando a tu historia lo largo de la charla, eso es aún mejor, porque te proporciona un hilo conductor que te ayudará a cautivar a la audiencia.

DIRECTO AL PUNTO

Si sabes que el tema en discusión es controvertido o delicado, asegúrate de que tu introducción no aleje a la audiencia, debes establecer una relación con ellos de manera inmediata, indicando los puntos en común lo más rápido posible. Elimina cualquier barrera psicológica que podría estar presente, para que puedan escuchar objetivamente tu mensaje.

Por ejemplo, "Todos sabemos que el sindicato propuso una huelga para el fin de semana, estamos dispuestos a escuchar sus preocupaciones el día de hoy y queremos hacer todo lo posible para evitar la acción legal. En un momento me gustaría atender sus preguntas, pero antes de eso, les pediría que escucharan lo siguiente…".

UNA DECLARACIÓN CONTUNDENTE

Otra forma de despertar interés es simplemente abrir con una declaración contundente, que en sí misma tiene que ampliarse para que se entienda, atrayendo así la atención de los oyentes.

Esto podría ser algo así como "los políticos lo entienden, los empresarios lo entienden, los estudiantes lo entienden y las madres y padres de familia también lo entienden, me refiero a: "_____" (y aquí introduces aquello que te dará pie para desarrollar tu tema).

UTILIZA UNA AYUDA VISUAL

Puede ser una manta impresa, un dibujo en un rotafolios o una plantilla de power point. También puedes salir a escena con un objeto inusual en tu mano y decir "este artículo que ven aquí, tiene 129 años y ha pasado a través de generaciones de mi familia, ¿alguien sabe qué es?". De manera similar, es posible que tengas una pieza de música o un clip de audio como introducción y empieces a construir tu ponencia a partir de esta.

Como puedes ver, hay muchas formas de desarrollar una introducción interesante, el propósito es siempre el mismo, atraer la atención de los espectadores para que escuchen lo que tienes que decirles. Por supuesto, la forma en que presentas las primeras oraciones de tu introducción es tan importante como lo que dices, por eso, es una buena idea escribir la sección de apertura completa, palabra por palabra, para que puedas hablar con confianza y sin tropiezos. Una introducción enérgica y audaz te dará confianza para el resto de tu charla y convencerás al público para que escuche lo que tienes que decir.

La introducción es crucial para tener éxito a lo largo de toda tu presentación. Es el momento en el que los participantes están más escépticos, dudando de ti, se preguntan si en realidad les vas a aportar algo de valor o si están ahí sentados solamente perdiendo su tiempo. Y para ti, este es el momento en que te atacan más fuerte los nervios. Si algo sale mal aquí, perderás la atención del público durante toda la charla. Por eso, debes preparar y ensayar tu introducción con todo detalle, para que te salga de corrido y sin errores.

Ahora que sabes cómo captar la atención de tu público, ¿qué más debe hacer una introducción? tu introducción debe establecer el preámbulo de lo que vendrá, dar a la audiencia una idea de lo que vas a hablar y lo más importante, lo que se llevarán o aprenderán al finalizar tu ponencia.

¿Cuál es la longitud correcta para una introducción? La respuesta es, depende. En un breve discurso de cinco o diez minutos, la introducción probablemente debería estar entre 30 y 90 segundos, una charla de mayor duración requiere una introducción más larga, sin embargo, siempre ten cuidado de no divagar demasiado, ya que la audiencia se pondrá inquieta y querrá que vayas directo al punto, nunca pierdas de vista el propósito fundamental de la introducción, que es captar la atención y despertar el interés, una vez hecho esto, continúa con el material principal.

La introducción puede prepararse antes o después del resto de la charla. En este libro, con el objeto de presentarte una secuencia lógica para tener una guía, decidí colocar este tema al inicio, sin embargo, algunas personas prefieren preparar el contenido de su ponencia primero y dejan la introducción para después. Se trata de preferencias personales, una forma no es necesariamente mejor que la otra.

Recuerda, tu introducción siempre debe ser apropiada para el material que viene después, nunca debe ser irrelevante. El vínculo entre tu introducción y el cuerpo principal de la charla debe ser lógico y fluido, el público nunca debe preguntarse cómo es que se relaciona tu introducción con el tema, ¿de acuerdo?

EL CONTENIDO O PARTE CENTRAL

El contenido o parte central de tu charla debe dar cuenta de la mayor parte de tu intervención, alrededor del 80%, si prefieres medir las cosas en términos porcentuales. Esta sección contiene la idea principal de lo que quieres decir, junto con toda la información para respaldar cada punto. No te recomiendo incluir más de tres o cuatro secciones dentro de esta parte, si no los oyentes no las recordarán.

En donde muchos oradores se equivocan es que no presentan el material de manera ordenada, cambian de un punto a otro, a menudo se desvían de los puntos principales sin un desarrollo lógico; una vez más, esto suele deberse a una planificación deficiente.

Después de que tu introducción haya establecido el panorama general, es habitual desarrollar tu conversación guardando los puntos más fuertes hasta el final, ya que esa es la parte que el público recordará más claramente.

Una vez dicho esto, algunos tipos de presentaciones pueden requerir un enfoque cronológico para presentar el material, como cuando se trata de una línea de tiempo histórica. Otro estilo es presentar el material como un debate, donde expones por separado los argumentos a favor y en contra en torno a un tema. Del mismo modo, es posible que desees presentar un discurso sobre la base de las ventajas y desventajas de un tema en particular.

Sea cual sea el estilo que elijas, sé específico. Si hablas en términos generales, la audiencia pronto perderá interés. Ser específico significa incluir detalles para respaldar cada punto que resaltas, si te refieres a algo como un hecho, asegúrate de demostrarlo. Si existe alguna duda, incluye nombres, fechas y estadísticas siempre que sea posible. No asumas que el público conoce estos detalles; y aún siendo así, seguirá siendo un buen recordatorio para ellos, de hecho, no asumas que la audiencia sabe nada.

A menudo escucho a oradores que usan terminología desconocida para la mayoría, usan abreviaturas que casi nadie reconoce y se expresan utilizando la jerga de la industria u otras palabras o frases inusuales, que seguramente muchos de los participantes no comprenden. En la medida de lo posible, evita hacer lo mismo.

Mientras te preparas y revisas tus notas, a medida que surja cada punto, ponte en los zapatos de los espectadores y pregúntate en todo momento: «¿y esto qué tiene que ver?" o "¿a quién le puede importar?" Si alguno de tus puntos motiva esta duda de forma natural, entonces debes repensarlo y desarrollarlo aún más. Y aquí vuelvo a hacer la analogía de un buen libro, los mejores libros son aquellos en los que el lector se ve inmerso en una historia fascinante y se identifica o relaciona con algún personaje. Apúntale a lo mismo en tu discurso, desarrolla una historia, un flujo lógico de ideas que construye y mantiene a la concurrencia deseando escuchar mas.

LA CONCLUSIÓN

Esta es la última sección de tu presentación y es la parte que el público recordará más claramente después de tu ponencia, por lo que necesitas configurarla con el mismo nivel de cuidado que el resto de tu charla.

Muchos oradores no tienen ninguna conclusión preparada, y mucho menos una efectiva, cierran su plática sin ningún *"punch"*, como si de pronto se dieran cuenta de que se les agotó el tiempo, dejan de hablar del tema y agradecen a la audiencia por escuchar. A veces invitan a los asistentes a hacer preguntas y luego se van. Eso no es una conclusión.

Una verdadera conclusión es un resumen claro de todo lo que trataste durante la charla, así como un llamado a la acción requerida por parte de la audiencia. La conclusión es el punto culminante, el apogeo de todo lo que lo precede, el momento de energizar a tus espectadores, es la parte en la que realmente haces hincapié en el propósito de tu exposición e impactas al público de manera más duradera.

¿Cuánto tiempo debe tomar la conclusión? realmente depende del tema en cuestión, pero la mayoría de los oradores tienden a hacerla en un período de tiempo demasiado corto, y lo que yo te puedo recomendar es que no la apresures, pero tampoco la alargues innecesariamente.

Si es demasiado corta será ineficaz, y si es demasiado larga la audiencia no se dará cuenta de que es la conclusión. Si resalta tu punto principal y enlaza el tema general de manera concisa, habrás hecho una buena conclusión.

Hay una serie de formatos que se pueden usar para una conclusión efectiva según el tema que se esté discutiendo y lo que se quiere hacer entender a la audiencia. Si el objetivo de tu presentación es educar, querrás resumir los puntos clave de una manera que asegure que efectivamente los hayan aprendido, si tu objetivo es alentar a tomar una acción específica, tu conclusión debe recordarles esa acción y especificar exactamente cómo llevarla a cabo, además de enfatizar la urgencia.

A veces deseas que los oyentes opten por una línea particular de razonamiento, en cuyo caso los guiarás por la vereda lógica que lleva a esa conclusión, a menudo es útil en tu conclusión referirse a algo que dijiste en tu introducción, de esa manera tendrán un punto de referencia directo para ver qué tan lejos han llegado en la charla.

Podrías decir algo como "Al inicio de mi intervención prometí explicar cómo funciona el nuevo modelo económico XYZ, como has visto, es un proceso complicado, pero ahora que lo comprendes bien, podrás transmitir esa información al resto de tu equipo".

Otra forma de terminar una charla es usar una cita poderosa, de modo que las palabras resuenen en las mentes de la audiencia, haciendo que piensen profundamente. Cuando pronuncies las oraciones finales de tu conclusión, debes hacerlo de tal manera que la audiencia entienda automáticamente que es la culminación de tu charla, no hay necesidad de gritar, pero a menudo es útil levantar un poco la voz en una nota de terminación.

Ten una profunda convicción en tu tono, habla más deliberada y lentamente en las últimas palabras, siempre ensaya tu conclusión varias veces antes de presentar la charla, debe estar muy clara en tu mente, incluso memorizada tal como lo está tu introducción.

Ahora que has investigado y establecido el contenido para tu presentación, es hora de unirlo todo en una ponencia coherente y lógica.

Recuerda, algunos de tus aspectos serán puntos principales, y algunos serán puntos secundarios, una expansión del punto principal. Por cierto, si encuentras que algunos puntos no encajan naturalmente muy bien con tu tema general, no dudes en excluirlos, eso nos lleva a la siguiente etapa de desarrollo de tu charla, la construcción de tu esquema.

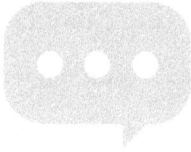

RESUMEN: *Prepara un principio, desarrollo y final, tal como lo harías si estuvieras escribiendo un libro. Asegúrate de que tu introducción despierte interés, usa una de las técnicas arriba expuestas. Desarrolla la parte central de tu conversación en un estilo apropiado para el tema a tratar, y piensa detenidamente para que tu conclusión sea efectiva. Presta atención a los tiempos.*

Capítulo 6:

Construyendo Tu Esquema

* * *

En la terminología de hablar en público, un esquema se define como las notas a las que te refieres y en las que trabajas cuando realizas la presentación o la charla. Hay varias opciones cuando se trata de usar un esquema, y tu elección puede depender del tema qué estás presentando, así como tu estilo y gusto personales. Algunos oradores memorizan toda su charla y no usan ninguna nota, generalmente esto se debe a que la han ensayado e impartido varias veces, sin embargo, el peligro de exponer tu tema palabra por palabra, casi de manera automática, es que a la audiencia puede parecerle que estás desinteresado y que no les estás dando la importancia que merecen.

Es muy difícil desarrollar una relación con el público recitando líneas de memoria. En una ocasión vi a un orador que estaba recitando una historia a un público estudiantil, misma que podía y debería haber sido muy conmovedora y emocional, probablemente fue así en sus inicios cuando comenzó a dar esa platica y contar su historia; sin embargo, en aquella ocasión tanto él como yo realizamos nuestras respectivas presentaciones durante 3 días seguidos, a públicos diferentes cada vez. Ya desde la segunda presentación, el orador parecía tan cansado y desinteresado de su propia anécdota, que las palabras le salían apresuradamente y casi sin sentido, fue una pena porque tenía el potencial de ser algo impactante para la audiencia y no fue así.

Ese es uno de los peligros de memorizar un guion; de manera similar, algunas personas escriben rutinariamente sus charlas palabra por palabra, listas para leer cada renglón de la página cuando salen a presentar. Si estás muy nervioso o no tienes experiencia, un guion palabra por palabra que leas de la página, puede ayudarte a aumentar tu confianza durante tus primeras disertaciones en público, pero una vez que te sientes cómodo hablando en el escenario, definitivamente te conviene trabajar desde un esquema más espontáneo, que resulte más personal, cálido y atractivo para la concurrencia. Muy pocas personas tienen la capacidad de leer un guion que suene natural y conversacional.

Otra circunstancia en la que puedes ser llamado para leer el texto de tu ponencia palabra por palabra, es cuando se trabaja desde un *teleprompter*, el cual tradicionalmente se coloca frente a la lente de una cámara para mostrar el texto a un presentador, el presentador puede ver el texto frente a la lente, pero la cámara ve directamente a través del cristal desde el otro lado. En un entorno de conferencia, un *teleprompter* es una pieza de vidrio en ángulo montada en un soporte frente al podio, un monitor de TV que muestra el texto de la charla desplazándose se coloca a nivel del suelo, y los presentadores simplemente leen el reflejo de esto en el vidrio. Dado que el vidrio es transparente, la mayoría de los presentes pensará que el conferencista está hablando de memoria.

La desventaja de usar un *teleprompter* es similar a la de memorizar el texto, es imposible establecer una buena relación con la audiencia si te concentras en leer palabras en el espejo.

Veamos ahora algunos tipos de esquemas tradicionales, algunos oradores trabajan a partir de un formato que consiste en una lista de temas con viñetas o subpuntos debajo de cada tema principal, este es un estilo de esquema muy común. Otro tipo es el que se conoce como el esquema de la oración, aquí es donde los pensamientos se escriben en la página como oraciones abreviadas, dónde el orador lee la oración y continúa elaborando en la idea con sus propias palabras. La ventaja de este tipo de esquema es que, si planificas tu ponencia con anticipación, o la llegas a presentar varias veces, las oraciones originales te permitirán recordar más detalles del contenido cada vez.

Otra variedad consiste en escribir el tema en el centro de la página, rodearlo con un círculo y luego enumerar los puntos principales y secundarios de forma similar alrededor del tema, esto da como resultado un patrón circular donde el flujo de la conversación se mueve en el sentido de las manecillas del reloj, alrededor del tema central. La naturaleza de este diseño significa que al espectador se le recuerda continuamente el tema y el esquema es bastante fácil de seguir, debido a la progresión lógica alrededor de ese pensamiento central.

Otra manera es mediante el uso de tarjetas con tus notas. Si te estás moviendo, las tarjetas pequeñas son una buena idea porque son discretas.

Como mencioné anteriormente, la elección del esquema es un asunto personal. Independientemente del tipo final de esquema con el que te sientes cómodo, tu objetivo debe ser recortarlo lo más posible antes de presentar la charla, ¿por qué? Porque el discurso será mucho mejor si no estás atado a tus notas. En mi caso particular, me resulta mejor escribir mi presentación palabra por palabra, de principio a fin, y luego la voy acortando gradualmente, hasta que mis últimas notas me permiten recordar y tener en mente todos los puntos a desarrollar, lo cual hace posible mantener un buen contacto visual con el público.

Un beneficio importante del esquema que yo sigo es la versatilidad, es muy posible que surja alguna idea de última hora, lo que me brinda la posibilidad de hacer cambios y ajustes sin ninguna dificultad. Si tu charla está "escrita en piedra" de principio a fin, es muy difícil incluir cambios de última hora. Del mismo modo, mientras presentas tu discurso, no es raro que se te ocurran pensamientos útiles adicionales conforme hablas y si estás ligado a un guion, es muy poco probable que incluyas la nueva idea de manera improvisada.

Probablemente el beneficio más importante de no tener un guión rígido, es la capacidad de mantener la vista en la audiencia durante la mayor parte del tiempo, un buen contacto visual hace una gran diferencia en la forma en que tu presentación es recibida.

Aparte de eso, el contacto visual te permite evaluar las reacciones de la audiencia durante la presentación, puedes ver a personas que asienten con la cabeza, agitando la cabeza en desacuerdo, mostrando sorpresa, confusión, etc. Si estás al tanto de estas cosas, puedes hacer ajustes al instante y controlar que la energía y atención del público, se mantengan en un nivel alto durante tu ponencia.

Es importante no pasarse del tiempo que tienes asignado. A medida que pronuncias tu charla ve tomando el tiempo que te lleva hacerlo. Eso te permite acelerar el desarrollo de tu plática de manera efectiva, sin adelantarte ni retrasarte demasiado.

Si la idea de trabajar desde un esquema aún te asusta, no te preocupes. Si estás lo suficientemente familiarizado con el tema, entonces no tendrás problema. Aun así, para tu propia tranquilidad y para mantenerte libre de estrés, siempre puedes guardar una copia de tu ponencia, que esté completamente escrita, en caso de que la necesites.

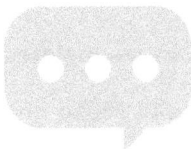

RESUMEN: *La inmensa mayoría de los oradores profesionales usan algún tipo de esquema. Tú también deberías hacerlo si quieres tener mejores resultados. Prueba diferentes tipos de esquemas para determinar con cuál te sientes más cómodo. Recorta tu esquema lo más posible antes de la charla, para que puedas tener un mejor contacto visual con el público.*

Capítulo 7:
Preguntas, La Clave Para
Una Presentación Efectiva
E Interesante

• • •

¿Recuerdas los días de escuela? De todas las materias que estudiaste, las que normalmente se nos vienen primero a la mente son aquellas en las que tuviste los maestros más célebres, ya sea buenos o malos.

Personalmente, de las pocas materias que disfruté a lo largo de mi vida estudiantil, fueron aquellas que tenían los mejores maestros, independientemente de sus materias. Sospecho que esto sucede de igual forma en la mayoría de los casos. También hubo algunos temas que me interesaba aprender, pero los profesores no tenían remedio, y como resultado, perdí el interés en esas materias y no disfruté cursarlas.

Ese ejemplo debería recordarte que es posible tener un conocimiento detallado de un tema, pero al mismo tiempo no ser capaz de enseñarlo a otros de una manera efectiva. La enseñanza de alta calidad es una habilidad que se debe aprender, no viene naturalmente con el conocimiento de algún tema, este hecho se puede ver a diario en salones de clase, presentaciones y conferencias en todo el mundo, tanto presenciales como virtuales.

A profesores, científicos y otras personas con conocimientos increíbles, se les pide habitualmente que compartan parte de ese conocimiento con el público, y con mucha frecuencia presentan discursos secos, monótonos, incluso aburridos, que son difíciles de seguir y comprender.

Entonces, ¿cómo pueden desarrollarse tus habilidades de enseñanza de una manera efectiva e interesante? Uno de los componentes principales de la enseñanza efectiva es el uso de preguntas.

Las preguntas estimulan la mente del oyente de una manera única, porque se ven obligados a contemplar lo que se les ha preguntado en su propia mente; por el contrario, si simplemente transmites todo como afirmación, la audiencia no participará personalmente, no se enganchará ni se involucrará.

Por ejemplo, durante una reunión de banqueros, el presentador podría decir "en los últimos cuatro años, los pagos con tarjeta de crédito en este sector de la industria se han reducido drásticamente". Por el contrario, puede ser más efectivo reformular el mismo punto con una pregunta, como "¿Cuántas personas aquí han experimentado una disminución en el uso de los pagos con tarjeta de crédito, en este sector, en los últimos cuatro años?" Esta pregunta obliga al oyente a pensar y preguntarse si esa ha sido su experiencia, también estarán intrigados por ver cuántas manos suben en respuesta a la pregunta, por lo que definitivamente tendrá su atención fija en el presentador al hacer una pregunta. Revisemos los distintos tipos de preguntas que puedes utilizar.

Las preguntas principales te permiten dirigir los pensamientos de los espectadores, de tal manera que los ayudes a llegar a una conclusión lógica, pero sin darles la respuesta directamente. Funcionan mejor cuando se sabe que la audiencia tiene cierto conocimiento del tema, pero necesita un poco de ayuda para obtener la respuesta correcta. Por supuesto que puede decirles la respuesta directamente, pero es mucho más poderoso si trabajan por sí mismos y ellos la infieren.

También serán mucho más propensos a retener cualquier información nueva que hayan aprendido de esta manera. Un ejemplo de pregunta de este tipo podría ser: "De nuestra discusión de hoy, hemos establecido que el sistema que estamos utilizando no funciona, tenemos tiempo para rectificar esto, así que, ¿qué creen que deberíamos hacer?".

Preguntas de punto de vista, como su nombre sugiere, se centran en la opinión de los asistentes. A veces es muy útil comprender cómo se sienten los miembros de la audiencia sobre un tema, especialmente en entornos de presentación pequeños, por ejemplo, podrías decir "¿qué piensas del nuevo sistema de asignación de tareas implementado?" Todos tienen un punto de vista y la mayoría de las personas están satisfechas de poder compartirlo.

En algunas circunstancias, las respuestas a las preguntas de los puntos de vista pueden dictar qué camino seguirás durante el resto de tu conversación, por ejemplo, puedes haberte preparado para hablar sobre una variedad de temas en una reunión de la empresa u organización, pero si determinas que hay un problema en particular que parece ser una de las principales prioridades para tus participantes, es posible que desees dedicar más tiempo a ese tema. Las preguntas de punto de vista pueden ayudarte a identificar y concentrarte rápidamente en las principales áreas de necesidad y tomar acción como resultado de ello, en ese momento.

Preguntas retóricas, son preguntas que no requieren que la audiencia responda en voz alta, sino que solo buscan que lo piensen. Después de formular una pregunta de este tipo, debes hacer una pausa, en algunos casos puedes proporcionar la respuesta, otras veces simplemente dejas la pregunta sin respuesta como alimento para el pensamiento. Usadas correctamente, las preguntas retóricas pueden ayudar a llevar un punto a la audiencia de una manera mucho más efectiva que una declaración. Un ejemplo de una pregunta retórica podría ser: "Entonces, ¿cuál es la solución a este problema? -Pausa- Bueno, propongo los siguientes tres cambios...". En este ejemplo, la pregunta enfoca a la audiencia en el tema en discusión y los prepara para la propuesta, pero no requiere una respuesta directa de ellos.

Otro ejemplo de una pregunta retórica podría ser "¿Quién de nosotros puede dedicar 20 minutos adicionales al día para alcanzar el objetivo?" En este ejemplo, el orador alienta a cada miembro de la audiencia a examinar sus propias circunstancias para ver si pueden lograr algunos cambios, se plantea la pregunta y luego se deja que cada uno piense personalmente, sin responder vocalmente. Las preguntas retóricas son una poderosa herramienta de enseñanza.

RESUMEN: *Asegúrate de tener un conocimiento detallado y preciso del tema. Usa una variedad de preguntas en tu presentación: principales, de punto de vista y retóricas. Intenta formular preguntas de manera alternativa para ayudar a hacer la enseñanza más eficaz.*

Capítulo 8: Las Ilustraciones

• • •

Las ilustraciones son una poderosa herramienta. Quizás una de las técnicas de enseñanza más poderosas pero infrautilizadas es el uso de ilustraciones ¿a qué me refiero con ilustraciones? una ilustración es un ejemplo extraído de otro tema que ayuda a la audiencia a comprender el punto que intentas resaltar, a veces también son conocidas como analogías.

Las ilustraciones pueden, pero no tienen que hacerlo, incluir el uso de fotografías, dibujos, gráficas o accesorios físicos que ayuden a explicar un punto. Cuando se usan correctamente son extremadamente valiosas para ayudar a que un punto complicado sea más fácil de entender, por lo que pueden hacer que cualquier charla o presentación sea altamente persuasiva.

Las ilustraciones son comúnmente introducidas por frases como "por ejemplo", "déjame explicar esto de otra manera", "para ilustrar esta idea", "imagina si", "es algo así como", "para usar una analogía". Las ilustraciones se pueden extraer de la experiencia personal, la experiencia de otros, una observación, o cualquier otra cosa con la que el público esté familiarizado o pueda relacionarse.

No tiene sentido usar una ilustración basada en algo oscuro o difícil de entender, porque eso anularía el objetivo de usar una ilustración. Recuerda, el propósito de una ilustración es hacer que un tema complejo sea más fácil de entender manteniéndolo simple. Si la ilustración no es simple y fácil de entender, es mejor no usarla.

Quizás la forma más simple de ilustración es como símil, un símil es una comparación directa que a menudo se presenta con la palabra "como". Aquí hay algunos ejemplos de símiles: "Tan orgulloso como un pavo real", "Tan seco como un hueso", "Era como un perro juguetón" ¿Te das cuenta de por qué los símiles son tan efectivos? Al hacer que la audiencia piense en la comparación, ayudan a aclarar y explicar un punto, por eso se pueden clasificar correctamente como ilustraciones.

Las metáforas también se pueden utilizar como ilustraciones. Una metáfora también es una comparación, pero tiende a ser más directa, afirmando que algo –es– algo más. Aquí tienes un ejemplo: "El hombre se abrió camino entre la multitud como un *bulldozer*". Las metáforas por lo general requieren menos explicación que los símiles u otras formas de ilustración, porque el punto suele ser inmediatamente evidente dentro de la expresión utilizada.

Siempre ten en cuenta los datos demográficos de tu audiencia cuando selecciones una ilustración, para asegurarte de que la entenderán, una audiencia compuesta de niños pequeños, obviamente necesitará un estilo de ilustración completamente diferente a la de un grupo de adultos. Además, ten en cuenta no ofender a nadie en tu elección de ilustración, pon atención a las diferentes culturas, antecedentes y demás características de tu público. Si por alguna razón alguien se siente aludido, entonces el valor de la ilustración se pierde.

Aquí hay un ejemplo de una ilustración simple y efectiva: "Cualquiera puede sostener el timón de un barco cuando el océano está en calma, pero es durante una tormenta cuando realmente se ponen a prueba tus habilidades. Nuestros directores han demostrado que tienen lo necesario para superar la reciente tempestad que azotó a nuestra industria y negocio". Esta es una ilustración efectiva porque todos saben lo que es un barco, todos pueden imaginar un mar tormentoso y las palabras pintan una imagen que todos pueden imaginar, no requiere una explicación profunda, el punto es obvio y claro, y se puede resumir dentro de una o dos oraciones.

RESUMEN: *Analiza tu charla para determinar dónde podrían ayudar las ilustraciones a explicar un punto complejo. Usa símiles y metáforas cuando sea posible. Asegúrate de que las ilustraciones sean apropiadas, simples y no ofensivas para la audiencia. Recuerda que las fotografías, dibujos y accesorios físicos también se pueden utilizar como ilustraciones.*

Capítulo 9:

Técnicas Avanzadas

Para Una Enseñanza Eficaz

* * *

Si realmente deseas diferenciarte de la multitud y ofrecer una charla o presentación que cautive y haga pensar a tu audiencia, hay una serie de técnicas avanzadas que debes aprender. No te asustes con la palabra "avanzadas", no tiene porqué ser algo complicado. Avanzado realmente significa menos conocido o poco común, en este contexto, así que echemos un vistazo a algunas de estas técnicas menos conocidas.

REPETICIÓN

En el transcurso de tu charla o presentación, habrá algunos puntos y frases clave que realmente quieres que la audiencia entienda. Una forma de hacer esto es simplemente repetirlas varias veces a lo largo de la charla para enfatizar su importancia, es una técnica un poco ignorada. Este es un ejemplo de cómo se puede usar la repetición: "Lo dije antes, y ahora lo diré de nuevo, debemos asegurarnos de que los informes de ventas mensuales se envíen el tercer día de cada mes, no el cuarto o quinto, sino el tercero del mes a más tardar".

Ten en cuenta que no tienes que decir las mismas palabras exactas cada vez que enfatizas un punto, a veces es mejor repetir los puntos principales al reformularlos de una manera diferente, como en el siguiente ejemplo: "para cumplir con nuestras proyecciones para el próximo año, todos los departamentos deben reducir costos, ¿puedo pedirles a cada uno de ustedes que piensen en lo que pueden hacer personalmente y dentro de sus equipos para lograr esto? debemos reducir el gasto, en los últimos cinco años nuestros gastos han aumentado y nuestros ingresos han disminuido, simplemente hay una opción disponible para nosotros la cual es hacer más eficientes nuestros gastos generales".

Ya que sabes qué asuntos estás tratando de enfatizar, busca señales en la audiencia para saber si comprenden o no estos puntos importantes, si no lo hacen, es conveniente que los repitas varias veces.

PAUSA ADECUADA

Hay mucho más en la pausa adecuada de lo que podrías pensar. Ten en cuenta que decimos una pausa adecuada, eso significa que también hay una pausa incorrecta. La pausa te permite controlar tu respiración correctamente, así como mantener el equilibrio y la compostura, además, demuestras a los espectadores que estás cómodo, tranquilo y en control de tu discurso.

Por el contrario, piensa en un orador novato que está tan nervioso y estresado que tropieza con sus palabras, casi sin respirar, yendo a la velocidad de la luz para terminar su intervención lo más rápido posible. Si eres naturalmente un orador rápido, entonces tendrás que hacer un esfuerzo especial con las pausas.

¿Sabías que no todas las pausas son iguales? El tipo más común y natural es la pausa para la puntuación. Sin entrar en una lección profunda de gramática, todos sabemos que debemos hacer una pausa después de las comas, puntos y comas, al final de las oraciones y así sucesivamente. Sin embargo, vale la pena replantear este tipo básico de pausa, ya que muchos tienen malos hábitos con el habla, algunas personas pegan palabras y oraciones y otros se detienen en lugares equivocados, tal vez para respirar.

Observa estos errores en tu propio discurso, si encuentras que estás cayendo en estas trampas, intenta marcar tu esquema para resaltar la puntuación, algunos oradores hacen pequeñas notas en sus apuntes para indicar pausas cortas y largas. Probablemente hayas escuchado el término "una pausa forzada", que se refiere a una pausa incómoda en una conversación; los oradores inexpertos también pueden caer en el error de usar pausas forzadas, tal vez perdiéndose en sus notas, olvidando lo que iban a decir, distrayéndose y así sucesivamente.

PAUSA PARA HACER ÉNFASIS

Por lo general, se considera una técnica más avanzada; hacer una pausa para enfatizar es una pausa que la audiencia no espera, por lo que tiene el efecto de enfatizar, ¿cómo es eso? si estás en medio de la charla y te detienes repentinamente...la audiencia está naturalmente esperando escuchar lo que dirás a continuación, por lo que la pausa sirve para enfatizar la siguiente afirmación. Otra forma de usar una pausa para enfatizar es insertarla después de indicar un punto importante, el tiempo silencioso durante la pausa le da al público tiempo para detenerse por un momento y reflexionar sobre lo que acabas de decir. Lo importante con este tipo de pausa es no excederse, o su valor se perderá. Guárdalo para uno o dos puntos verdaderamente importantes en tu charla, haciendo una pausa para indicar la conclusión de una idea, y la introducción de la siguiente.

En cualquier presentación, es probable que tengas una serie de puntos para discutir, una pausa es una excelente manera de señalar al público que has terminado con una idea y te estás moviendo a la siguiente. Por ejemplo, podrías decir: "Entonces, podemos ver que hay mucho más trabajo por hacer para mejorar ese aspecto de nuestro negocio -pausas durante varios segundos- Ahora vamos a centrar nuestra atención en los registros de mantenimiento de la fábrica".

De esta manera, el público puede dejar de centrarse en cada palabra, y señalas claramente el final de una sección y el comienzo de otra. Solo una precaución, no hagas pausas demasiado largas o el público se sentirá incómodo y pensará que estás desorientado o que estás tratando de pensar qué decir a continuación.

PAUSA POR INTERRUPCIÓN

De vez en cuando sucederá algo que cause una distracción o una perturbación, podría ser un ruido dentro de la audiencia, como una charola que se le cae a un mesero, o puede ser algo externo, como un avión ruidoso que pasa volando. Si está claro que la audiencia no puede escuchar lo que estás diciendo como resultado de la perturbación, es necesario hacer una pausa por unos segundos antes de continuar, por otro lado, si la distracción es corta o leve, es mejor aumentar tu voz un poco y continuar para no perturbar el flujo de la ponencia.

PAUSA PARA PERMITIR QUE LA AUDIENCIA RESPONDA

A veces puede ser útil hacer una pausa para permitir que un punto clave se entienda, esto es particularmente importante cuando se hace una pregunta retórica. Por ejemplo, puedes preguntar: "Entonces, ¿ven los beneficios de este ajuste en nuestro programa? Aunque no estás invitando a una respuesta vocal, si te detienes unos segundos después de la pregunta, les das un momento para pensar en ello y darse cuenta de su importancia. Por el contrario, si simplemente continúas con tu próximo punto de inmediato, se perderá la oportunidad de pensar en la pregunta y su posible respuesta.

GESTOS

En las conversaciones naturalmente utilizamos gestos sin darnos cuenta, dependiendo del tema, podríamos usar una combinación de expresiones faciales y movimientos de nuestras manos y brazos para ayudar a transmitir lo que estamos hablando. Por ejemplo, si le estás explicando a alguien que tenías un enorme plato en un restaurante, pero que no te gustó la comida, en esas pocas palabras podrías haber abierto las manos para describir el tamaño de ese gran plato, e hiciste una mueca con tu cara para transmitir que no te gustó la comida, y quizás también te colocaste la mano en el estómago al mismo tiempo para enfatizar la reacción física que experimentaste.

Esos gestos y ademanes mejoran la descripción y agregan peso al mensaje, ya que al usarlos, puedes aportar un significado y énfasis adicional a tus presentaciones. Hay dos tipos de gestos, los que describen y los que enfatizan.

GESTOS QUE DESCRIBEN

Los gestos que son de naturaleza descriptiva son bastante auto explicativos, si decimos que algo es alto, corto, delgado, gordo, redondo, cuadrado, cercano, lejano, lento, rápido, etc., hay todo tipo de gestos y ademanes que van junto con esas descripciones, y ese tipo de ayuda visual es útil para que tu público comprenda mejor tu mensaje.

Cuando gesticulas no solo las personas oyen lo que estás describiendo, ven una representación física de lo mismo, hay más sentidos involucrados en el aprendizaje que llevan a una mejor retención. Si descubres que debido a los nervios no estás usando este tipo de gestos en tus presentaciones, intenta leer tus notas antes de presentar la charla y coloca una pequeña marca junto a las frases que podrían beneficiarse de un gesto. Practica los gestos de antemano, pero asegúrate de que se vean naturales, de lo contrario, restarán valor en lugar de aportarlo.

GESTOS QUE ENFATIZAN

A veces es útil poder enfatizar un punto con un gesto. Por ejemplo, mientras dice algo enérgicamente como "no toleraremos más retrasos en las entregas", puedes realizar una acción de corte rápido con la mano y el brazo, la combinación de las palabras severas y la acción se combinan para hacer que el punto sea más poderoso. Ten en cuenta que muchos oradores nerviosos exageran los gestos enfáticos, quizás con movimientos continuos de las manos que pueden volverse molestos a la vista. Asegúrate de que tus gestos no caigan en esa trampa; si tienes dudas, pídele a un amigo que vea tus charlas para que te de su opinión.

Los gestos faciales generalmente están infrautilizados, se puede transmitir un gran significado con la cara, ya que tiene más de 30 músculos en un área pequeña. La tristeza, la euforia, la amabilidad y la ira se detectan fácilmente en los gestos faciales. Algunos oradores envían el mensaje equivocado al mostrar, de manera involuntaria, gestos faciales inapropiados. Por ejemplo, un orador cuya concentración intensa pueda percibirse como hostil por la expresión de su rostro, de manera similar, un orador nervioso puede sonreír inadvertidamente mientras habla sobre un asunto serio.

La importancia de una sonrisa cálida no se puede exagerar, solo con este simple gesto te puedes ganar a un auditorio entero y ayudarlos a abrir sus mentes para ser más receptivos a tu mensaje. Como te sugerí anteriormente, pídele a alguien que evalúe tus gestos faciales para asegurarte de manejarlos adecuadamente. Recuerda que deben respaldar tu mensaje, no restarle valor. Cuando estés relajado y cómodo con tu conversación, los gestos fluirán de forma natural, casi automáticamente, tal como lo hacen en una conversación informal.

Trata de enfatizar las palabras y frases en tu charla. En una conversación natural, generalmente lo hacemos de forma automática, pero en el contexto de una presentación debe pensarse y planificarse, especialmente si necesitas leer ciertos puntos de tu esquema, como citas, etc., si no haces hincapié en las palabras correctas, es muy posible que un punto sea percibido de manera diferente a como lo quisiste decir.

Piensa en el significado de la oración cuando se enfatizan diferentes palabras, qué diferencia hace. El énfasis en una sola palabra puede cambiar por completo el significado de una oración corta. En vista de esto, es posible que desees revisar tu esquema antes de hablar y subrayar las palabras correctas para enfatizar.

MANIERISMOS

Un manierismo es una característica, ya sea hablada o como un gesto físico, que se utiliza en exceso hasta el punto en que se convierte en una irritación para el público. Por ejemplo, muchos oradores tienen el manierismo de insertar palabras y frases de relleno como: "hmm" o "este" cuando hablan. Otros con frecuencia comienzan oraciones con las palabras "ahora bien", "entonces", "de manera que", "como ustedes saben", o algo similar.

Por lo general, el orador no se da cuenta de que está haciendo esto, pero como se mencionó, rápidamente se convierte en una molestia para los oyentes, que incluso pueden comenzar a contar la cantidad de veces que el orador utiliza el manierismo durante la charla.

Piensa en los imitadores que has visto en la televisión, la razón por la que son efectivos para convencerte de que estás viendo y escuchando al personaje que están imitando es porque muestran los mismos manierismos que esa persona. Por lo tanto, todos tenemos manierismos en cierta medida, pero el problema se da cuando se sobre utilizan los manierismos específicos y se vuelven una parte dominante de nuestra ponencia.

Como ya he sugerido muchas veces, pídele a alguien de confianza que escuche tu presentación con el fin de que te vea en acción y ponga atención en los manierismos. Algunas personas tienen manierismos tan prominentes, que incluso los usan en las conversaciones diarias, por lo que no son tan difíciles de identificar.

Como se indicó anteriormente, es importante comprender que los manierismos también pueden ser de naturaleza física, una postura particular, un gesto, una risa nerviosa, o la tos, son ejemplos comunes, muchos oradores inexpertos caminan de lado a lado, se paran sobre un pie y luego sobre el otro a lo largo de su charla. Tales manierismos necesitan ser identificados y luego trabajados para eliminarlos.

MANTENER EL CONTACTO VISUAL

Al hablar en público, el contacto visual es importante por varias razones, la audiencia naturalmente quiere ver la cara y los ojos del orador, si un orador mira hacia abajo la mayor parte de su charla, quizás leyendo su esquema, la audiencia sentirá poca conexión con él y gran parte del beneficio de la charla se perderá. De manera similar, necesita ver los ojos de los miembros individuales del público, al observarlos, puede discernir rápidamente un rango de posibles reacciones a su conversación, como interés, aburrimiento, ira, impaciencia o falta de comprensión. Notar tales reacciones puede permitirte cambiar tu enfoque, aclarar un tema más o quizás invitar a las preguntas.

Como presentador, depende de ti establecer el contacto visual, después de todo, no puedes esperar que los participantes te ofrezcan su atención si no estás dispuesto a demostrar de inmediato que estás interesado en ellos personalmente. Una idea práctica es tomarse unos segundos al comienzo de tu exposición para mirar al auditorio, cuando esto se combina con una sonrisa cálida, demostrarás un interés sincero, y también te ayudará a relajarte y calmarte antes de comenzar a hablar.

Algunos conferenciantes prefieren centrarse en un objeto en la parte posterior de la sala, como la cabina del audio, una columna o algo que puedan visualizar desde el escenario. Mientras que esto puede aliviar temporalmente el nerviosismo, no te ayudará a desarrollarte como orador profesional. Aprende a hacer contacto visual con los asistentes, una persona a la vez a medida que avanzas en tu charla, no mires fijamente a nadie, solo haz una pausa por unos segundos, haz una conexión con una persona antes de pasar a la siguiente persona.

Busca a los participantes que son más atentos y receptivos, te sorprenderás de la retroalimentación que recibes al hacer esto, es realmente maravilloso conectar con un grupo de esta manera, y no hay duda de que ellos también lo aprecian.

RESUMEN: *Recuerda la repetición, repasa metódicamente tu conversación para determinar cómo hacer una pausa adecuada en cada sección. Aprende a gesticular de forma natural, utilizando una variedad de gestos. Asegúrate de utilizar el énfasis adecuado en tu discurso. Evita los manierismos. Haz contacto visual.*

Capítulo 10: Entrenando Tu Voz Y Aprendiendo A Usar Micrófonos

❋ ❋ ❋

La voz es un instrumento sorprendente, tiene la capacidad de transmitir una amplia gama de tonos y emociones, desde un suave susurro en un extremo de la escala, hasta un grito áspero en el otro extremo.

Para que tu voz funcione correctamente, se necesita un suministro constante de aire, con los nervios y la ansiedad muy altos, la tendencia de muchos oradores es hablar demasiado rápido y solo usar la parte superior de sus pulmones, lo que hace que se queden sin aliento rápidamente. Es entonces un ciclo vicioso en el que la combinación de habla rápida y respiración deficiente, finalmente hace que el orador jadee para poder respirar.

Antes de comenzar tu discurso. Mientras subes al podio o al escenario, respira al menos seis veces, esto llenará tus pulmones con una buena cantidad de aire y te servirá para calmarte, reduciendo significativamente los niveles de estrés. Cuando comiences a hablar, controla el flujo de aire liberándolo lentamente; de lo contrario, te quedarás sin aliento y tu tono sonará poco natural, esto requiere práctica, pero vale la pena.

También es importante recordar que tu voz proviene de un músculo, y si te pones demasiado tenso, sonarás tenso. La técnica de respiración mencionada anteriormente puede ser muy útil para superar esto; respirar profundamente antes de comenzar a hablar definitivamente te ayudará a relajarte.

Si sabes que tienes una tendencia a ser mal entendido en tu discurso, ya sea por un impedimento del habla, tu acento o un mal hábito, no hay sustituto para la práctica. Si el problema es grave, debes considerar seriamente las lecciones de elocución, si deseas que te tomen en serio. Si el problema es menor, graba tu voz y anota los aspectos de tu discurso en los que debes trabajar.

UTILIZANDO MICRÓFONOS Y SISTEMAS DE SONIDO

En una habitación de menos de veinte o treinta personas, probablemente no necesites un sistema de audio, no quieres que la audiencia se canse de estar escuchándote, así que olvídate de eso y asegúrate de hablar y proyectar tu voz en la habitación con claridad.

No hay necesidad de gritar, basta con hablar en voz alta. En lugares grandes, es esencial usar un equipo de sonido y micrófono. Una de las grandes ventajas de los micrófonos es que, por lo general, son lo suficientemente sensibles como para captar un susurro, por lo que puedes usar una amplia variedad de tonos y volúmenes para hablar y la audiencia te escuchará.

Nunca toques ni golpees un micrófono para probar si está encendido, esto puede dañarlo, no es agradable para los oídos del oyente y no parece profesional. Confía en que el técnico de sonido controlará el volumen correctamente, si por alguna razón no se escucha ningún sonido cuando comiences a hablar, comprueba si hay un interruptor en el micrófono, ya que puede estar apagado.

Simplemente habla sobre el micro para probar si está encendido. Si aún así no tienes audio, pídele ayuda al técnico antes de continuar. Nunca le preguntes a la audiencia si pueden escucharte por la parte de atrás, esto tampoco es profesional y es innecesario, una vez más, es la tarea del técnico asegurarse de ello.

El sistema de audio debe cubrir adecuadamente todo el lugar para que todos puedan escuchar cómodamente. Si preguntas si todos pueden escucharte, solo te verás como un novato, además de irritar al técnico.

CONSEJOS SOBRE EL USO ADECUADO DE LOS MICRÓFONOS

Uno de los errores más comunes en el uso de un micrófono es colocar la boca demasiado cerca o demasiado lejos de este. Los micrófonos de atril y podio, están diseñados para captar el sonido de tu voz desde una distancia normal para hablar.

Cuando uses un micrófono de mano, tu boca debe estar a unos cuatro centímetros de la cápsula en la parte superior del mismo, que es la parte que capta el sonido y por lo general tiene algún tipo de cobertura de malla.

Si estás utilizando un micrófono con clip para corbata (micrófono lavalier), normalmente el técnico de audio lo colocará correctamente, pero si te lo deja a ti, colócalo cerca en algún punto debajo de tu boca, en el que alcance a captar tu voz cuándo hablas. Un error común es colocarlo demasiado hacia abajo. Ten en cuenta que algunos micrófonos lavalier tienen un patrón de captación muy direccional, y si giras mucho la cabeza de lado a lado durante tu presentación, tu voz puede parecer que va y viene. Verifica con el operador de audio qué tan sensible es el micrófono para que puedas estar al tanto de este potencial problema. Otra cosa que debes tener en cuenta al usar los micrófonos inalámbricos es su alcance, pregunta al ingeniero en qué área puedes moverte o bien, camina por la sala hablando por el micrófono y escucha el sonido proveniente de la bocina para detectar si el audio se pierde en cualquier parte del recinto.

Otra cosa a tener en cuenta es no toser, estornudar o aclarar tu garganta cerca del micrófono, son sonidos que definitivamente no quieres que se amplifiquen en todo el salón. No olvides que cuando usas un micrófono, se emiten todos los ruidos, si en algún momento necesitas susurrar a un copresentador u organizador, asegúrese de alejarse del micrófono o de protegerlo con la palma de la mano sin tocarlo, a menos que desees que tu conversación se haga pública.

Si estas portando un micrófono inalámbrico, ya sea de mano, de solapa o diadema, y hay un período de más de unos pocos minutos antes de subir al escenario, asegúrate de que esté apagado mientras caminas, de lo contrario, si vas al baño o tienes una conversación con alguien fuera del salón, existe la posibilidad de que tus actividades puedan ser transmitidas accidentalmente por un técnico de sonido que no esté prestando atención. La mayoría de los micrófonos inalámbricos tienen un interruptor o botón de silencio que es ideal para estas circunstancias, sólo asegúrate de recordar volver a encenderlo antes de comenzar tu presentación.

Una vez que hayas estado usando micrófonos por un tiempo, te acostumbrarás a cómo suena tu voz a través de un sistema de audio. Dicho esto, si tienes que hablar en un lugar muy grande, el eco producido regresará a tus oídos un segundo o más, después de que pronuncies cada palabra. La tendencia del hablante que no está familiarizado con este fenómeno, es esperar a que el eco los alcance antes de seguir hablando, lo cual vuelve aburrida tu presentación. La mejor técnica es centrarse por completo en lo que estás diciendo e intentar tanto como sea posible ignorar el eco.

Si experimentas un problema técnico de algún tipo con un micrófono o el sistema de sonido, es mejor esperar mientras se arregla, en lugar de intentar continuar, ya que si ese problema está causando una distracción, entonces lo que estás diciendo se perderá. Nadie te pondrá atención.

Identifica el problema y pide ayuda para solucionarlo, ese es el enfoque profesional. De lo contrario, te estresarás y no podrás concentrarte en tu charla, y como te mencioné anteriormente, la audiencia también se distraerá.

Si te encuentras presentando una plática en exteriores, en algún momento probablemente tendrás que lidiar con un tren o un avión que pasa por ahí, no intentes hablar sobre estos ruidos, solo haz una pausa por unos segundos y déjalos pasar antes de continuar.

Si no tienes experiencia en el uso de micrófonos, preséntate temprano y pregúntale al técnico si puedes probar el sistema para acostumbrarte a cómo suena tu voz. Ellos están ahí para hacer que suene lo mejor posible, por lo que seguramente te ayudarán.

RESUMEN: *La voz reacciona negativamente al estrés y los nervios, por lo que necesitas aprender a controlarlos. Revisa los consejos para el buen uso del micrófono, no tengas miedo de pedir ayuda al técnico de sonido para sentirte cómodo con el equipo.*

Capítulo 11: Tu Apariencia

● ● ●

Durante el descanso para tomar café de una conferencia a la que asistí, se podían escuchar susurros y risitas en las conversaciones de los asistentes, sin preguntar, sabía de qué estaban hablando, porque nuestro pequeño grupo hablaba de lo mismo: el presentador que acababa de hablar había dado una excelente charla, pero parecía que lo único que habíamos recordado era su vestimenta.

Sin exagerar, este hombre llevaba un traje que estaba tan arrugado, que parecía que había dormido con él puesto. Realmente se veía como un desastre, y al parecer él ignoraba este hecho o simplemente no le importaba.

Si bien ese ejemplo fue un tanto extremo, la mala vestimenta no es poco común, el público nota lo que estamos usando y nos juzga en consecuencia. Es sorprendente lo que la gente concluirá acerca de nosotros solo por este aspecto, antes incluso de que digamos la primera palabra. Curiosamente, la tendencia es también a juzgar a la compañía u organización que representamos. En el ejemplo que acabo de mencionar, nuestro pequeño grupo incluyó comentarios negativos sobre la ccompañía a la que pertenecía el presentador, porque era identificado como su representante. Una sola persona tiene el poder de transmitir al público una imagen positiva o negativa de la empresa para la que trabaja.

La importancia de tu apariencia no solo se relaciona con que tu ropa esté limpia y planchada, lo último que deseas en cualquier circunstancia, es que tu atuendo llame más la atención que el contenido de tu plática. El propósito de los participantes es escuchar y aprender, no distraerse con una mala apariencia. Ten en cuenta que esto puede aplicarse a ambos extremos del espectro de apariencia, al igual que la ropa arrugada deja una mala impresión, alguien que se exagera con la moda vanguardista y extravagante puede dejar una mala impresión igualmente. ¿Por qué? Una vez más, el público se centrará y hablará sobre la ropa inusual en lugar del contenido de la conferencia.

El mejor consejo sobre qué ponerse es elegir algo adecuado para la ocasión. En caso de duda, consulta con los organizadores para confirmar el código de vestimenta de los presentadores, y si todavía no tienes claro qué ponerte, lleva un cambio de ropa alternativo, por si acaso.

También se debe tener en cuenta que lo que usas debe ser aceptable para la ubicación geográfica. Las diferentes regiones del país y, ciertamente, los diferentes países, tienen diferentes costumbres en cuanto a lo que se considera vestimenta adecuada, en algunos climas cálidos, una corbata se consideraría fuera de lugar, en otros se considera esencial.

Haz tu investigación sobre las costumbres locales y prepárate acorde a ello. Evita los extremos en lo que usas, incluyendo joyas y accesorios. Es un buen consejo no ser el primero en una moda, o el último en salir de ella. Hasta cierto punto, todos estamos afectados por la moda, y algunas personas viven para comprar ropa nueva, pero en el entorno público, a menos que intentes deliberadamente obtener una reacción sobre tu ropa como parte de tu presentación, evita destacar por lo que llevas puesto, podrías estar arriesgando perder tu credibilidad.

ACCESORIOS: SE DISCRETO, NO HAY MÁS QUE DECIR

Si viajas para presentarte en un evento, carga contigo una maleta. Si llega un día antes, ten tu ropa planchada antes de hacer tu presentación. Asimismo, en el caso de prendas clave como corbatas para él y blusas para ella, lleva una pieza de repuesto, por si acaso. Tus zapatos hablan mucho de ti, a menudo se dice que la limpieza de los zapatos de una persona se relaciona directamente con su pulcritud y personalidad en general.

Hablemos brevemente acerca de la higiene personal. Para estar presentable debes tener las uñas perfectamente arregladas si eres mujer y bien cortadas y limpias en el caso de los hombres. Tu cabello debe estar bien peinado. Si normalmente te afeitas, llega perfectamente afeitado y en el caso de mujeres, un maquillaje sutil es la mejor opción. Aunque esto parece obvio para la mayoría de las personas, lamentablemente es un problema real entre muchas individuos que presentan sus temas en público y sí, las personas que se sientan en la primera fila pueden ver todos los detalles.

Si usas perfume o loción (según sea el caso), hazlo con moderación, es un factor sutil que debe mejorar tu imagen profesional, pero no abrumar a los asistentes, recuerda que algunas personas tienen alergias a las colonias. Lleva el atuendo con el que mejor te sientas, pero asegúrate de proyectar una imagen profesional, acorde al tema, al público y al lugar del evento.

ADOPTA UNA BUENA POSTURA

Tu apariencia en el escenario también involucra tu postura, los signos reveladores de nerviosismo incluyen las manos que sujetan el podio o las manos detrás de la espalda, el contacto continuo con la cara, la nariz o los anteojos, etc.

Algunos oradores se menean de lado a lado sobre sus pies, tragan saliva repetidamente o se remojan los labios. Probablemente has observado estos rasgos de vez en cuando, ¿son irritantes, no es cierto? Si te encuentras haciendo estas cosas, haz un esfuerzo decidido para evitarlo de una vez por todas.

Muchos de los hábitos descritos anteriormente ocurren de manera inconsciente, por lo que no necesariamente te darás cuenta de lo que estás haciendo. Pide ayuda para que seas capaz de detectarlos y eliminarlos.

Si deseas colocar tus notas en el podio, generalmente es mejor estar detrás de él, con las piernas un poco separadas. Asegúrate de estar cómodo y equilibrado antes de comenzar, evita envolver las piernas una con otra, separarlas demasiado o pararte por un período sobre un pie. Si te sientes cómodo caminando por el escenario, está bien, pero no te excedas o harás que el público se maree. De vez en cuando debes hacer una pausa por un tiempo en un lugar, antes de volver a moverte. Algunos oradores ponen una mano en el bolsillo porque quieren verse relajados, y en ciertas circunstancias eso está bien.

Si tienes alguna condición física que te impide estar de pie por largos períodos de tiempo, quizás debido a una condición de espalda, pídele al organizador una silla y una mesa desde la cual presentar tu discurso. Si te encuentra en esta situación, siempre es una buena idea explicarle al público desde el principio por qué estás sentado, de lo contrario tendrán curiosidad durante el transcurso de tu charla. Recuerda, lucir bien te hará sentir bien y se reflejará en tu desempeño.

RESUMEN: *El público notará tu apariencia, buena o mala y emitirá un juicio. Vístete de acuerdo a la ocasión, la ubicación y la cultura. Evita los extremos en la ropa o accesorios. Planea con anticipación, de modo que tu ropa quede planchada y los zapatos estén pulcros antes del evento. Adopta una buena postura al hablar, te están observando de cerca.*

Capítulo 12:

Cómo Conectar Con Tu Audiencia

● ● ●

Muchos conferencistas presentan buena información, pero no hacen una conexión con los espectadores. El público escucha atento, pero nunca se involucra completamente con su discurso y al final, se van sintiéndose un poco decepcionados. Por lo general, este problema puede atribuirse a la falta de entusiasmo por parte del orador. El entusiasmo realmente es el alma de tu charla, no te equivoques, debes compartir tus conocimientos de una manera que refleje tu pasión por el tema.

Piénsalo, si no estás emocionado o conmovido por tu ponencia, ¿cómo puedes esperar que la audiencia lo esté? Es posible que debas volver a examinar tus motivos para presentar el material, pregúntate si realmente deseas compartir la información con el público. Siempre es conveniente que tengas el deseo de ayudar a los espectadores de alguna manera. Cuando ese deseo es genuino, hace una gran diferencia en la efectividad de lo que dices y la gente responde en consecuencia.

Entonces, ¿cómo se transmite el entusiasmo durante tu charla o presentación? En primer lugar, tus expresiones faciales deben conectarse con tus palabras. Recuerda, la audiencia enfocará su atención principalmente en tu rostro, y si todo lo que tienen para mirar es una expresión aburrida durante la duración de tu presentación, ¿qué impresión crees que tendrán de ti? La respuesta es obvia.

En segundo lugar, la variación en el tono de tu voz hará una diferencia sustancial, obviamente esto tiene que ser de una manera controlada que se adapte al contenido del material, a veces tendrás que ser audaz y directo, con una voz fuerte y poderosa, pero sin gritar. Otras veces tendrás que hablar seriamente, con un fuerte sentido de apelación, especialmente cuando motives a la audiencia a tomar acción.

El ritmo de tu charla también se puede usar de manera efectiva para transmitir entusiasmo por el tema, algunas veces necesitarás acelerar el ritmo, especialmente si el tema es emocionante, otras veces, tal vez para un asunto muy serio, resulta mejor la desaceleración hasta un ritmo lento y deliberado, que ayudará a la audiencia a anticipar y estar lista para el desenlace que están a punto de escuchar.

En resumen, tu entusiasmo siempre debe ser apropiado para el tema. Por ejemplo, si tienes que hacer un anuncio triste, no sería apropiado darlo con entusiasmo, la circunstancia requiere un enfoque digno, al mismo tiempo sería lógico no detenerse en la tristeza, sino tratar de enfocar más algunos aspectos positivos, si es posible. En esa situación, el público apreciará tu enfoque sincero y honesto.

Algo de lo que hay que tener cuidado es no exagerar con un entusiasmo tan frenético que la audiencia se canse mentalmente. Algunos oradores caen en esta trampa al presentar toda su charla de una manera muy dinámica y entusiasta, el problema con esto es que la audiencia se agota mentalmente en pocos minutos. Ciertamente deberías estar entusiasmado y lleno de energía, pero asegúrate de que tu presentación tenga secciones de luz y sombra, en otras palabras, varía el nivel de entusiasmo y energía.

Algunos puntos necesitarán mucho ánimo, otros no tanto. Sí, es un acto de equilibrio y requiere práctica para hacerlo bien. También es importante que tu propia personalidad te guíe, si eres una persona muy sociable, entonces eso es lo que la audiencia espera de ti, pero no te agotes.

El entusiasmo por lo general es contagioso, una audiencia que escucha a un orador entusiasta no puede dejar de captar la energía y reacciona de manera positiva.

Sé cálido y sincero. La calidez es una cualidad difícil de describir, pero implica preocuparse por quienes están sentados observándote y escuchándote. A veces es posible que un presentador muy entusiasta carezca de calidez y sinceridad, principalmente cuándo en su mente todo gira alrededor de su mensaje. Sin embargo, a tus escuchas les gusta sentir que te preocupas por ellos de manera individual, que son la persona más importante en la sala.

Una sonrisa hace mucho para ayudar a dar calidez, como dijimos en la sección sobre contacto visual. Otro consejo es buscar caras amigables en la multitud y dirigir tus palabras a una de esas personas por unos momentos, antes de pasar a otra persona, esto realmente ayuda a conectarse con la audiencia de una manera positiva y al hacerlo, estarás mostrando calidez.

Tu tono de voz también hace una diferencia en la calidez, un tono de voz áspero no es cálido, mientras que, si realmente sientes que deseas ayudar a la audiencia, tu tono lo reflejará. No intentes engañar a un público simulando estar interesado si no lo estás, una falta de sinceridad puede detectarse a un kilómetro de distancia.

RESUMEN: *Muestra el entusiasmo apropiado para el tema y la audiencia específicos. Se cálido y sincero, muestra una sonrisa genuina siempre cada vez que puedas. No intentes falsear la calidez, el público no te la va a comprar.*

Capítulo 13: Supera Tus Nervios

• • •

El miedo a hablar en público se cita como uno de los mayores temores en el mundo de los negocios. Por lo tanto, vamos a trabajar en esto paso a paso.

Los oradores profesionales se ponen nerviosos, es verdad. No importa cuántas veces hayan presentado ante un público, se siguen poniendo nerviosos. Tienes que saber que sentir un cierto nivel de nerviosismo es algo bueno, ya que te mantiene alerta y te sirve para brindar una presentación confiada y persuasiva; sin embargo, no hay necesidad de que esos nervios tomen control sobre ti.

Esa es la diferencia entre el orador experimentado y el novato, el *amateur* a menudo deja que los nervios continúen formando un círculo vicioso, hasta que pierde el control.

Pon las cosas en perspectiva, ¿qué es lo peor que podría pasar si tu charla no funciona como estaba planeado? Ningún orador ha muerto por miedo escénico, seguro que cualquiera puede sentirse un poco mal por eso, pero en nuestras ocupadas vidas, el público pronto se olvidará de tu error y la vida continuará, realmente no será el fin del mundo, así que no te preocupes demasiado por que todo salga perfecto.

El nerviosismo se debe principalmente a la presunción y para explicar esto más a fondo, vale la pena mencionar que quizás inconscientemente, el orador cree que es tan maravilloso, que lo que está por compartir al público es de una importancia suprema. Pero la verdad es que nadie de los presentes se verá afectado si algo te sale mal durante tu plática, así que no te lo tomes tan en serio.

Si en verdad odias hablar frente a un público, no estás obligado a hacerlo, simplemente no lo hagas. Si algo sale mal, como puede suceder ocasionalmente, en un par de días cómo máximo, tú serás la única persona que lo recuerde, así que deja de preocuparte por eso y diviértete.

Cuando ya estes listo para subir al escenario respira muy profundo y rápido, levanta y baja tus brazos, saltando de arriba abajo, más y más rápido en los últimos segundos a medida que te presentan, y justo cuando se anuncia tu nombre, liberas todo ese estrés mientras sigues caminando.

Este bombeo de alta velocidad producirá energía para tu actuación, y las personas que están en la audiencia podrán percibirlo cuándo te vean caminar en el escenario.

Sólo recuerda que la audiencia no llegó hasta ese lugar para verte nervioso, sino para aprender algo nuevo y útil. Si tienes miedo escénico, no hay una solución mágica que haga desaparecer los nervios, ten en cuenta que lo que funciona para una persona no necesariamente funcionará para ti, sin embargo, hay una serie de cosas prácticas que puedes hacer para disminuir enormemente tus nervios y sentir más confianza para llevar a cabo tu presentación.

Número uno, enfócate en el mensaje en lugar de en ti mismo. Si realmente crees que tienes algo que vale la pena compartir, entonces no es necesario que te preocupen otras cosas menos importantes. Concéntrate en tu deseo de ayudar a los presentes, en lugar de en tu nerviosismo. Si haces eso, reemplazarás los pensamientos negativos por otros positivos.

Número dos, recuerda que no se espera que seas un artista o un actor, simplemente estás conversando con un grupo de personas, expresando tu opinión sobre un asunto. Imagina que estás hablándole a un grupo de amigos, ya que es prácticamente lo mismo, así que no lo veas de una manera diferente.

Número tres, prepárate bien. Si estás bien preparado, con mucha antelación y te sabes tu tema de arriba a abajo, no tendrás problema. La preparación adecuada incluye practicar tu charla en voz alta, lo que te ayudará a retener los pensamientos clave. Este es un paso crítico que a menudo pasan por alto muchos novatos. No basta con leer tus notas en voz baja, debes leerlas en voz alta como si realmente estuvieras dando la charla, acostúmbrate al sonido de tu voz en la presentación y observa cómo tu nivel de confianza se eleva.

Número cuatro, aprende las primeras oraciones de tus presentaciones para que estén firmemente guardadas en tu memoria. Tu introducción es la parte en la que estarás más nervioso, si te aprendes de memoria tu introducción a la plática, tendrás más confianza y captarás la atención y el interés de tu público desde el primer minuto. Además, una introducción segura hará que tanto tu como la audiencia se sientan cómodos.

Número cinco, en los días y semanas previos a tu presentación, aprovecha cada oportunidad para hablar sobre el tema con amigos, colegas, etc. Esto te hará comprender que, al igual que puedes hablar cómodamente sobre el tema en un entorno que te es familiar, también puedes hacerlo en un entorno formal y te ayudará a presentar con autenticidad.

Número seis, aprende técnicas de relajación para reducir la ansiedad durante las horas previas a la charla. Escuchar música relajante también puede ayudar a ese propósito.

Número siete, el día de tu presentación ve al salón en el que presentarás, para que puedas familiarizarte con ese ambiente. Párate y camina alrededor del escenario y mira alrededor de la sala para que empieces a sentirte más cómodo con el recinto. Al ser consciente de tu entorno antes de comenzar tu charla, podrás concentrarte en tu audiencia. Identifica puntos importantes cómo entradas al salón, salidas de emergencia, hidrantes, etc.

Número ocho, antes de que te presenten, debes estar de pie, físicamente alerta y listo para entrar al escenario. Muchos oradores están esperando, sentados en la audiencia justo antes de ser presentados, pero eso es un error. Es imposible generar el mismo nivel de energía y entusiasmo si tienes que levantarte y caminar hacia el escenario luego de estar sentado, en comparación con estar de pie, completamente listo y subir al escenario irradiando entusiasmo.

Número nueve, levanta la cabeza, echa los hombros para atrás y yergue tu cuerpo como si fueras de la realeza. En otras palabras, siéntete bien contigo mismo y proyecta ese sentimiento hacia afuera. En el momento en que te presentan, tú eres la persona más importante en la sala, así que toma el control de esa situación y trabaja con ella, en lugar de estar en contra.

Número diez, hablemos de alcohol. Si bien puede parecer una buena idea tomar una copa para calmar los nervios, debes saber que el alcohol y las presentaciones no van bien de la mano, no lo hagas.

Si estás familiarizado con tu material no tendrás problemas. Recuerda también que cada vez que presentas tu charla, estás mejorando tus habilidades y tus nervios van disminuyendo. Como todo en la vida, cuanto más lo haces, más hábil te vuelves.

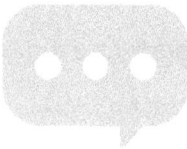

RESUMEN: *Los oradores profesionales se ponen nerviosos, pero aprenden a lidiar con los nervios, tú también puedes hacerlo. Enfócate en el mensaje, no en ti mismo. Prepárate lo mejor posible y conoce tu tema de adentro hacia afuera. Toma seis respiraciones profundas mientras caminas hacia el escenario. Evita el alcohol antes de hablar en público.*

Capítulo 14: Tiempo

● ● ●

En el contexto de una conferencia, pocas cosas molestan más a los participantes que las presentaciones que se pasan del límite de tiempo, ya que muestran una falta de consideración para con ellos y los demás oradores y para ser sincero, no hay absolutamente ninguna justificación para ello.

Muchos seminarios y conferencias se llevan a cabo en un horario apretado, con varias salas que ejecutan distintas presentaciones al mismo tiempo, y si un orador descuida el tiempo, alguien más puede perder una parte de su charla en la misma sala. Incluso si tú eres el único orador programado, también se considera una falta de consideración.

Algunas personas del público pueden haber programado el transporte a una hora específica, otros pueden tener citas programadas.

Algunas personas del público pueden haber programado el transporte a una hora específica, otros pueden tener citas programadas a las que deben llegar, pero algo más sucede cuando una charla se pasa de tiempo: a medida que el lapso que te fue asignado se acerca a su fin, muchos comienzan a ver sus relojes con inquietud y empiezas a perder su atención. Cuanto más tiempo continúes, peor se pondrá la cosa y más personas en la audiencia se unirán a esta práctica.

Tu conclusión y cierre necesitan la cantidad de tiempo adecuado para ser eficaces, lo mejor que puedes hacer si te estás quedando sin tiempo, es omitir uno o dos puntos secundarios de tu plática, por lo que aún puedes presentar una conclusión poderosa.

Una vez más, la preparación significa saber qué puntos son clave para tu conversación y qué puntos secundarios podrían omitirse si fuera necesario. Si registras tu tiempo en cada sección de tu charla, no deberías tener este problema en lo absoluto, porque nunca te atrasarás demasiado.

Por supuesto, esto significa tener un reloj visible en todo momento. No eches un vistazo continuamente a tu reloj, ya que esto distrae, es mucho mejor colocar un pequeño cronómetro digital en el podio cerca de tus notas.

En el otro extremo de la escala, ocasionalmente algunos oradores descubren que han preparado muy poco material y tienen mucho más tiempo disponible para ellos. En lugar de tratar de llenar el tiempo alargando el material, es mejor terminar temprano y seguir con una muy holgada ronde de preguntas y respuestas. Ten en cuenta que el problema de estar por debajo del tiempo es muy inusual, en la mayoría de los casos, si hay un problema en este sentido, es que se te están acabando los minutos y no al contrario.

Tu charla siempre tomará mucho más tiempo al presentarla en vivo, a diferencia de cuando programas tus ensayos, prepárate para esto y en todo caso, comienza a tomar precauciones. Recuerda que no siempre es lo mejor meter tanta información como sea posible en una presentación.

Cada punto debe tener la cantidad de tiempo adecuada para poder desarrollarse claramente. Las secciones clave de tu material obviamente necesitarán más tiempo que los puntos menores.

RESUMEN: *No hay excusa para pasarse de tiempo. Marca tu esquema con tiempos para cada sección. Decide de antemano qué puntos podrían perderse si comienzas a quedarte sin tiempo. Si terminas temprano, no alargues el material para llenar el tiempo restante, mejor ofrece una sección de preguntas y respuestas de una manera holgada.*

Capítulo 15:

El Desarrollo De La Fluidez

● ● ●

¿Alguna vez has abierto un grifo de agua? Tal vez después de haber realizado un trabajo de plomería, te ha tocado ver cómo salpica y salta el agua fuera del grifo sin ningún control, es una sorpresa ver que eso suceda, ¿cierto?

Estamos acostumbrados al suave flujo de agua cuando sale del grifo. Bueno, piensa en la fluidez como el flujo de agua suave que sale normal por una llave. Las audiencias esperan una presentación fluida, y cuando las palabras de un orador se sacuden o no fluyen bien, es irritante y el propósito del mensaje a menudo se pierde como resultado.

Todos hemos visto oradores que frecuentemente fallan en encontrar las palabras adecuadas para decir algo, lo que resulta en una presentación irregular que es difícil de seguir. A veces, también hay una tendencia a hacer presentaciones lentas, porque las palabras no aparecen de forma natural y suave, la mayoría de los miembros de la audiencia se sienten incómodos con esto y pierden la concentración, con lo que dejan de prestar atención. Por lo anterior, es importante evaluar tu nivel de fluidez y cerciorarte de que es el correcto.

Aunque los síntomas de la falta de fluidez son bastante evidentes, las causas subyacentes pueden variar. Entonces, examinemos estas causas y veamos algunas sugerencias para mejorar.

Número uno, preparación insuficiente. Este es un problema muy común. Si no estás preparado adecuadamente, terminarás teniendo que poner tus pensamientos juntos al mismo tiempo que hablas, y tu cerebro simplemente no podrá procesar la información y presentarla de manera fluida.

La solución es obvia, debes dedicar suficiente tiempo a preparar tu charla, incluyendo una estructura claramente definida y un desarrollo lógico, además de practicar palabras desconocidas al pronunciarlas en voz alta, hasta que obtengas la pronunciación correcta.

Número dos, un vocabulario limitado. Si a menudo encuentras dificultades para encontrar las palabras adecuadas para expresar tus ideas, es posible que necesites ampliar tu vocabulario.

Una manera de hacerlo, es que en tu vida cotidiana, cuando encuentres palabras desconocidas, las busques en un diccionario en tu móvil y examines su significado. Es asombroso lo rápido que puedes ampliar tu vocabulario a través de este simple proceso.

Número tres, una falta de comprensión de las reglas gramaticales. Es posible que la mala gramática sea un factor que contribuya a la falta de fluidez. Una buena gramática asegura que tus pensamientos fluyan sin problemas, una pausa inapropiada o una tendencia a enfatizar las palabras incorrectas en una oración, son a menudo signos de una gramática deficiente.

Practica agrupar palabras para formar un flujo lógico continuo de pensamientos, cuando leas, toma nota de los párrafos que indican un cambio de pensamiento, prestando particular atención a los signos de puntuación, como comas, puntos, punto y coma, etc.

Número cuatro, no tener claridad sobre el tema. Esto a menudo se asocia con una falta de preparación, pero también puede aplicar incluso si te has preparado bien. Es importante que sepas lo que vas a decir antes de decirlo, que lo comprendas, y esto no significa que debas tener un guión, sino que es conveniente pensar en términos de ideas, en lugar de palabra por palabra. Si tienes la idea general claramente en mente, tu esquema te recordará los puntos y palabras individuales para expresarte de forma natural.

Como puedes ver, la fluidez es algo que necesita ser trabajado y desarrollado, es una habilidad que puedes y debes aprender, y no es difícil hacerlo. Cuando nos referimos a alguien que habla un idioma extranjero con fluidez, queremos decir que pueden hablarlo con claridad, con la elección correcta de las palabras de forma natural. Lo mismo se aplica a la fluidez en tu idioma nativo, tus esfuerzos en este sentido definitivamente valdrán la pena, es un placer de escuchar una presentación fluida.

RESUMEN: *Identifica y rectifica los problemas de fluidez en tu habla. Continúa expandiendo tu vocabulario. La preparación completa ayuda a la fluidez. La fluidez requiere tiempo para desarrollarse, es una habilidad que puede aprenderse.*

Capítulo 16:

Consejos Rápidos

* * *

E sta sección incluye una variedad de consejos que no encajan en otros capítulos, pero pensé que era importante incluirlos.

PROGRAMACIÓN

¿Cuándo es el mejor momento para presentar una charla? En la mayoría de los casos, no podrás elegir cuándo dar tu charla o presentación, sino que te dirán en qué momento darla. Sin embargo, en algunas ocasiones se te preguntará si tienes alguna preferencia, estos son los tiempos que debes evitar: en cualquier momento inmediatamente después de comer, a primera hora del lunes por la mañana, o cualquier mañana; viernes por la tarde. Si no tienes otra opción al respecto y estás atrapado en uno de estos espacios, debes tomar medidas drásticas. Es imperativo que energices y sobrecargues tu presentación a un nivel completamente nuevo para retener la atención de la audiencia.

Si tu plática necesita ser traducida, hay varias posibilidades en cuanto a cómo se puede hacer esto. A veces, el organizador de la conferencia o la corporación proporcionará un traductor que se sienta en una cabina, traduciendo simultáneamente lo que dices y enviando esa traducción a los auriculares de aquellos que no hablan tu idioma. En este caso, es necesario platicar brevemente con el traductor antes de empezar, para informarle sobre cualquier palabra o frase inusual que planees usar.

Otros consejos son hablar despacio y con claridad, evitando la jerga de tu negocio. Las siglas y los chistes no se traducen fácilmente. Al menos aprende una o dos oraciones cortas en el idioma nativo del grupo al que te estás presentando, el traductor puede ayudarte con esto y tu esfuerzo por hacerlo mostrará un interés genuino y será apreciado por la audiencia.

Lo políticamente correcto. Este es un mundo que cambia a un ritmo vertiginoso y hay innumerables palabras que solían ser parte de nuestro vocabulario, pero que ahora son mal vistas por ser "políticamente incorrectas".

Por ejemplo, las personas ya no son calvas, sino que tienen "alopecia". ¿Entiendes la idea? No tengo idea de quién toma las decisiones sobre qué palabras de repente se vuelven desagradables o políticamente incorrectas.

De todos modos, en el contexto de hablar en público, en la mayoría de los casos, obviamente, deseas evitar molestar a cualquier persona en la audiencia, por lo que es aconsejable pensar en tu discurso desde el punto de vista de lo "políticamente correcto".

Hoy en día, un error de este tipo puede hacer que una excelente presentación sea vista con disgusto, podrías tener miembros de la audiencia ofendidos con los que lidiar después, es una locura, pero así están las cosas hoy en día.

Adáptate, como cualquier otra área, en el medio de los oradores públicos, existe una buena cantidad de personas que piensan que tienen derecho a ser tratados mejor que nadie.

Conozco a algunos oradores que en algún momento exigieron un trato demasiado especial y se pusieron exigentes, y esos episodios se propagan como un reguero de pólvora y terminan por hacerles daño a la larga. Nadie quiere lidiar con un presentador que se pone exigente en todo momento.

Hablemos ahora de etiqueta general y modales. Si se te invita como orador a un evento, haz un esfuerzo para no ser exigente, trata a todos con cortesía y respeto, ten en cuenta que el personal del recinto en el que te presentes, a menudo trabaja en exceso y es posible que no puedan responder a tu solicitud de una jarra de agua tan rápido como quisieras. Construye la reputación de ser una persona con la que es fácil y agradable trabajar y te beneficiarás enormemente a largo plazo.

La etiqueta mientras estás en el escenario también merece su consideración, habla de una manera que se adapte a las circunstancias y al público, a veces esto puede significar ser muy formal, mientras que otras veces es preferible ser más coloquial.

Además, decir malas palabras generalmente se usa como sustituto por alguien que tiene poca gramática. Una persona que evita decir malas palabras siempre será tratada con más respeto que alguien que ensucia su presentación con estas.

Es un buen gesto expresar tu agradecimiento a todos los que te han apoyado, comúnmente esto incluye a la compañía que te contrató o te invitó para hablar, a los organizadores, a los técnicos y, por supuesto, a la audiencia por su atención.

RESPONDER PREGUNTAS

Por alguna razón, tener que responder a las preguntas de la audiencia causa miedo a muchos presentadores, viéndolo de manera positiva, sin embargo, es una oportunidad ideal para que puedas satisfacer aún más al público. Al igual que con tantos aspectos de hablar desde un escenario y de las presentaciones, la clave es estar preparado. Haz una lista de todas las preguntas lógicas que es probable que recibas, y piensa detenidamente en cómo responder cada una de manera satisfactoria.

Cuando te hagan una pregunta, mira a la persona a los ojos y concéntrate en ellos, asintiendo con la cabeza para demostrar que estás escuchando y espera hasta que terminen de hablar, incluso si sabes la respuesta a la mitad de la pregunta.

Después de hacer cada pregunta, agradécele a la persona, y pregunta al resto de la audiencia si alguien no escuchó la pregunta, en ese caso, es una amabilidad repetirla para que todos estén en la misma página.

Tómate tu tiempo para responder. No te sientas apurado. Si alguien está tratando de hacerse el chistoso, continúa tratándolo con respeto, nunca te involucres en este tipo de teje manejes.

Resiste la tentación de dar una respuesta si no estás seguro, es mejor admitir que no sabes y ofrecer investigarla, que adivinar y posiblemente responder fatal.

Algunas personas desean aprovechar el turno de preguntas e intentarán hacerte una serie de cuestionamientos en lugar de sólo uno. Si las preguntas se contestan fácil y rápidamente, entonces puedes elegir seguir adelante y responder más de una, pero si la persona continúa haciendo más preguntas, debes invitarlo, con tacto, a hablar contigo después de concluir la ponencia, para darles a otros la oportunidad de resolver sus dudas.

Si no estás seguro acerca de una pregunta confusa, o no escuchaste correctamente a la persona, no tengas miedo de pedirle que la repita o aclare qué quiso decir. Nunca adivines, si aún no estás seguro, puedes reformular lo que escuchaste y pedirle que confirme si eso es lo que está preguntando.

Finalmente, aprende de la pregunta que te hicieron. Por ejemplo, si encuentras que te preguntan con frecuencia sobre algo que sabes que cubriste en tu presentación, es probable que debas revisar esa sección para que quede más clara en presentaciones futuras. Del mismo modo, si hay un área de interés particular que surja constantemente en las preguntas, es posible que quieras dedicar más tiempo a esa área en pláticas futuras.

Expresiones útiles. A veces encontrarás que necesitas una palabra o frase conectiva para moverte entre diferentes puntos de tu presentación, aquí hay algunas que me han funcionado muy bien: Igualmente, por lo tanto, sin embargo, por otro lado, al contrario, consecuentemente, como resultado, ¿pueden ver cómo?, además, de manera similar, también, por lo tanto, por estas razones, en vista de lo anterior, así pues y, por el contrario.

ESTADÍSTICAS

Si vas a lidiar con cifras e información fáctica, asegúrate de verificar y volver a verificar la exactitud de todo lo que vas a decir, es muy vergonzoso ser cuestionado por una afirmación de algo que das por hecho, cuando no lo es. Si eso sucediera, podría dañar tu credibilidad como orador, por esta razón, algunos oradores anotan la fuente de cada dato en el margen de sus notas para poder debatir, si se les cuestiona. También es una buena idea asegurarte de que tus cifras y estadísticas están actualizadas.

HUMOR

A menos que tengas la seguridad de que puedes ser genuinamente gracioso, evítalo. Si lo haces mal, toda tu presentación será vista de forma negativa. Muchos presentadores intentan comenzar su presentación con una broma o algún tipo de chiste e invariablemente fallan, en el mejor de los casos, logran una risita forzada por parte del público. Otra cosa sobre el humor, es que con un grupo diverso de personas, como lo son muchas audiencias, lo que se considera ssimpático para unos, variará enormemente para otros, por lo que incorporar el humor es una apuesta que te puede salir cara.

Entonces, una vez más, a menos que sepas que puedes garantizar conquistar al público y hacer que se rían, evita intentarlo.

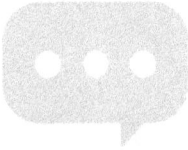

RESUMEN: *Evita los lunes por la mañana, los viernes por la tarde y cualquier horario después de la comida. Si tu conversación necesita ser traducida, trata de reunirte con el traductor para explicar cualquier palabra poco usual que pienses usar. Sé políticamente correcto dentro de lo razonable. Presta atención a tu etiqueta, tanto dentro como fuera del escenario. Maneja las preguntas apropiadamente, usando los consejos y técnicas discutidas. No intentes hacerte el cómico si no lo eres, invariablemente, tales intentos fallan.*

Capítulo 17: Conclusión

• • •

Al comienzo de este libro, sin duda tenías muchas preguntas y a estas alturas, te habrás dado cuenta de que no tienes nada que temer y sí mucho que ganar. Presentar una charla frente a una audiencia puede ser una experiencia muy gratificante.

¿Te acuerdas de los temores que mencioné al principio en la lista de todos los "qué pasaría si"?

"¿Qué pasa si sucede esto o si aquello sale mal?", ese pensamiento negativo debe desaparecer para siempre. De hecho, si revisas esa lista una vez más, la gran mayoría de esas situaciones potencialmente estresantes, se pueden evitar por completo mediante una preparación minuciosa.

La preparación adecuada es tu clave para el éxito. Si planificas con anticipación y piensas en todos los aspectos de tu presentación, lo más probable es que hagas un excelente trabajo.

Como la mayoría de las cosas en la vida, dominar el hablar en público lleva tiempo, no es algo que suceda de la noche a la mañana. Aplica esta guía para hablar en público y poco a poco cada presentación que hagas será más pulida que la anterior. Cada vez más, disfrutarás hablar en público en lugar de temerle, hay una enorme satisfacción al ver el aprecio y la atención de una audiencia.

Cierra los ojos e imagina su efusivo aplauso mientras expresan su aprobación y gratitud por una charla motivadora e informativa que acabas de presentar. Eso es algo de lo que nunca te cansarás.

Una última palabra para dejarte que por encima de todo asegurará tu éxito: Preparación.

Gracias por leer mi libro.
JORGE ZURITA.

ANEXOS

Preguntas y Respuestas

• • •

Aquí te presento una serie de preguntas que frecuentemente me hacen con relación a mis presentaciones y charlas en público. Estas son algunas de las más comunes, junto con algunas respuestas útiles:.

P: ¿Qué pasa si mi proyector se descompone?

Alquila un proyector a nivel local con el proveedor del hotel. Otro consejo que me olvidé de mencionar al hacer énfasis en la preparación: siempre lleva contigo un respaldo en tu equipaje de mano de tu presentación. Nunca llegues sólo con una memoria flash, mínimo dos, ambas con tu presentación guardada.

P: ¿Cuántas veces debo leer mi presentación antes de presentarla?

La respuesta es: todas las veces que sea necesario para que te sientas cómodo al presentar. Para algunas personas serán una o dos veces, otras pueden necesitar cinco o seis lecturas, incluso más. No hay sustituto para la preparación y la práctica.

P: ¿Qué debo hacer si hay un corte de energía y no hay una fuente de alimentación de respaldo?

Si realmente no hay nada que se pueda hacer al respecto, el público será el primero en aceptar ese hecho, y simplemente tendrás que dejar que las cosas fluyan. Los grandes "desastres" sucederán ocasionalmente, y si no hay nada que se pueda hacer, ¡no hay nada que se pueda hacer! Acéptalo. No tiene sentido estresarse, solo lidia con la circunstancia inusual y enfócate en que todo salga bien hasta dónde lleguen tus posibilidades.

P: He visto a algunos oradores a quienes les gusta caminar entre el público, ¿cuál es tu opinión al respecto?

Cada persona tiene un estilo diferente y no le veo ningún problema a esta técnica. Realmente se reduce a lo que funciona para ti y lo que sea más efectivo para la audiencia.

P: En una ocasión, un organizador de la conferencia me pidió que hablara sobre otro tema para el que no estaba preparado. Me agarró desprevenido y realmente no sabía qué responderle.

Es rara la persona que puede preparar una charla con poca antelación. El mejor consejo es decirle al organizador con firmeza que, debido a la premura, no podrás hacer la charla y que tendrías que rechazar su petición en esa ocasión.

P: ¿Está bien usar un apuntador láser, si es así, cuándo?

En circunstancias normales, no debería ser necesario utilizar un apuntador láser. El único momento en que podría ser beneficioso es cuando estás mostrando dibujos técnicos complejos o muchas figuras en la pantalla y necesitas llamar la atención sobre ciertos elementos dentro de esa proyección. No hace falta decir que los apuntadores láser nunca deben apuntarse en dirección al público.

P: Mi boca se seca muy fácilmente y encuentro que dentro de cinco o diez minutos de presentar una larga charla, me cuesta mucho trabajo seguir hablando. ¿Hay algo que pueda hacer?

Algunas personas sufren esta condición sin que sea su culpa, incluso algunos oradores experimentados. Cuando llegues al salón de la presentación, coloca un vaso de agua en el podio para que puedas tomar algunos sorbos cuando lo necesites durante tu charla. Sólo la tranquilidad de que la bebida está ahí puede ayudar también. No te preocupes por cómo la audiencia podría verlo, es perfectamente aceptable hacer esto.

P: No estoy seguro de qué hacer con mis manos mientras estoy presentando.

Esta es una observación muy común entre los oradores inexpertos. Evita la tentación de aferrarte al podio, o meter las manos en tus bolsillos. Los hombres pueden trabajar con ademanes o poner una mano en el bolsillo y la otra relajada a su lado, también con algunos ademanes esporádicos.

Para las mujeres, puede ser una buena opción mantener las manos juntas adelante, o encontrar la manera de hacer ademanes no muy marcados. En ambos casos los ademanes, tanto para ellos como para ellas, deben ser movimientos que fluyan con lo que estás diciendo para que se perciban naturales. Esto también se practica.

P: ¿Qué debo hacer si mi mente se queda en blanco a la mitad de una oración?

Se honesto al respecto. Simplemente dile a la audiencia algo como: "perdí mi línea" "se me escapó la idea" ,"por favor denme un momento". Y en ese momento mira tus notas para refrescar tu memoria y retomar el hilo de la charla....

P: Me preocupa lo que haría si estuviera enfermo el día de mi intervención. ¿Tienes algún consejo?

Si realmente estás muy enfermo, no hay nada que puedas hacer, discúlpate y ve si es posible volver a programar. Si tiene un resfriado común u otra dolencia menor, toma una dosis de algunos medicamentos que alivien temporalmente los síntomas y sé honesto con el público. Diles que no te siente demasiado bien y que aprecias su comprensión. Después de que hayas terminado, ¡vuelve a la cama otra vez! Realmente, necesitas hacer una evaluación honesta el día de tu presentación, en cuanto a la gravedad de la enfermedad. Recuerda, tu salud es más importante que un discurso.

P: ¿Qué sucede si alguien se queja por el frío (o calor) en el salón, qué puedo hacer algo al respecto?

Si bien deseas que el público se sienta cómodo, no es tu responsabilidad controlar la temperatura de la sala. Agradece a la persona por informarte y sugiere ahí mismo desde el escenario que se ajuste la temperatura. Si el organizador está en el salón, el se encargará de lo demás. Si el problema no se puede solucionar de inmediato, reconócelo y solicita la cooperación de la audiencia para soportarlo hasta que se solucione. Acto seguido, continúa con tu presentación.

P: ¿Qué debo hacer si el micrófono se corta o si hay interferencias?

Si hay problemas de audio que están causando una distracción, es mejor detenerse por un momento y pedir ayuda al técnico antes de continuar. Del mismo modo, si la audiencia no puede entender lo que estás diciendo, no tiene sentido que continúes hablando hasta que esté resuelto. Si el problema parece ser con un micrófono inalámbrico, es posible que desees solicitar un micrófono con cable para evitar que se repita el problema.

P: Si hay muchas preguntas de la audiencia para responder, pero ya estoy en tiempo extra, ¿qué debo hacer?

Normalmente se debe terminar a tiempo, independientemente del hecho de si hay más preguntas por responder. Ponte en los zapatos del siguiente presentador que viene después de ti. No apreciaría que su tiempo fuera reducido por un orador anterior desconsiderado que se pasó de su tiempo ¿verdad?

Una vez que se hayas agotado tu tiempo, es apropiado agradecer a la audiencia por sus preguntas y sugerir amablemente que cualquier persona que aún tenga preguntas puede hablar contigo luego, cuando hayas concluído tu charla. La única excepción a esto podría ser si tú eres el último orador del día. Una vez que se acabe el tiempo, si el organizador está de acuerdo, puedes decirle a la audiencia que, si alguien tiene que irse puede hacerlo, y que aquellos que quieran quedarse unos minutos más, también pueden hacerlo. De esa manera darle gusto a la mayoría.

P: ¿Qué debo hacer si me doy cuenta de que alguien en la audiencia está durmiendo?

¡Déjalos dormir! Hay innumerables razones por las que alguien puede haberse quedado dormido. Es posible que no hayan dormido la noche anterior, que tengan jetlag, que no se sientan bien en ese momento o cualquier otra cosa. Naturalmente nos culpamos a nosotros mismos, pero es más que probable que se deba a alguna otra razón. Enfócate en los otros miembros de la audiencia que estén atentos a lo que estás presentando.

P: Daré un discurso a diferentes nacionalidades en una próxima visita a otro país, con una cultura muy distinta, ¿cómo puedo prepararme para esto?

La preparación para las diferentes culturas es esencial. Antes de viajar, intenta aprender algunos rasgos característicos de esa cultura específica investigando en Internet. Otra cosa que puedes es encontrar a alguien que conozca ese país y pueda ayudarte.

Averigua sobre las costumbres a las que debes adherirte, cómo dirigirte a la audiencia, cómo saludarlos personalmente, etc. También es útil averiguar sobre cualquier noticia de actualidad que puedas consultar para estar al tanto y generar un vínculo con la audiencia al mencionarlo.

Hay muchos buenos libros que discuten las diferencias en la cultura. Por ejemplo, en muchas partes del mundo, los gestos con las manos significan cosas dramáticamente diferentes. En Hong Kong, por ejemplo, el gesto para que se acerque utilizando con el dedo índice, solo se utiliza para llamar a una prostituta. Así que puedes ver lo fácil que es cometer un error accidentalmente. Incluso si la audiencia sabe que no estabas siendo grosero deliberadamente, es mejor evitar es tipo de equivocaciones.

Otra cosa a tener en cuenta son las palabras y frases dentro de los países que hablan el mismo idioma. Por ejemplo, siendo mexicano y hablando con una audiencia española sobre educación, la audiencia española quizás no estaría familiarizada con algunos términos utilizados en mi país, como preceptor, prefecto, coordinador, etc. De hecho, hay cientos de palabras y frases que son diferentes entre un país y otro. Siempre confirma con alguien de la misma nacionalidad que se esté presentando, si algunos de tus términos son comprensibles.

Si planeas llevarte tu propia computadora portátil, asegúrate de tener adaptadores de corriente para el área que estás visitando.

Cualquier esfuerzo que realices que muestre un interés en la cultura de la audiencia será recompensado.

P: ¿Debo moverme por el escenario o permanecer en el podio?

Normalmente esto dependerá del entorno en el que te encuentres y del público al que estés hablando. Sin embargo, como orador novato, en ocasiones es mejor quedarse en el podio. Una vez que te sientas cómodo en el podio, puedes intentar moverte un poco, usando el podio como base para tus notas.

Como orador más avanzado, intenta pensar en lo que el público quiere ver. Por ejemplo, si te presentas a los alumnos de la escuela en un auditorio, quizás permanecer en una posición fija durante toda la charla les parezca fuera de lugar. En otro momento frente a otra audiencia, como por ejemplo presentando un informe financiero formal a un comité, es mucho más apropiado estar en el podio y no moverte de ahí. Usa la discreción y ve con tu instinto en estos casos.

Tips Para Utilizar Powerpoint O Keynote Efectivamente

●　●　●

Microsoft PowerPoint, Apple Keynote y Google Slides son en mi opinión el mejor software para crear presentaciones. Si tú eres de esas pocas personas restantes en el planeta que no están familiarizadas con esto (no te sientas mal, es sólo software), está diseñado para ser una ayuda visual para la audiencia mientras presentas tu charla.

Piensa en ello como un pizarrón o un rotafolios, pero con más capacidades. Básicamente, ingresas tus puntos clave en las diapositivas individuales, que luego se proyectan para que la audiencia las vea. Puede ser tan simple como unas pocas palabras en la pantalla, o tan complicado como incorporar audio, animaciones, videos, cuadros, imágenes, texto en movimiento, etc.

Para comenzar, enfatizamos en algo que es crucialmente importante que comprendas. De hecho, si quitas una cosa de este curso, este es el punto para recordar:

PowerPoint, Keynote y Google Slides nunca deben ser el foco principal de tu presentación.

¿Qué quiero decir con esto? Que demasiados oradores se han acostumbrado a hacer de sus diapositivas el enfoque principal de su presentación, de modo que ellos mismos simplemente se convierten en lectores de viñetas. ¡Cualquiera puede hacer eso! Tus diapositivas deben usarse como una mejora de tu ponencia y no más. Muchas personas se dejan llevar por la tecnología y olvidan el contenido, por lo que es necesario conseguir el equilibrio adecuado.

Una pregunta clave que debes hacerte es si todavía puedes dar la misma presentación de manera efectiva sin diapositivas. Si respondes que no, entonces probablemente estás confiando demasiado en las imágenes. ¿Qué pasa si el proyector se descompone o la computadora falla? ¿Tu presentación se derrumbaría? Si la respuesta es sí, déjame decirte que eso no debería de ser así.

Aquí hay algunos consejos más que mejorarán en gran medida la efectividad de incorporar estos programas en tu presentación:.

1. Usa el tamaño de la fuente más grande que puedas, preferiblemente más de 20pts.

2. Usa fuentes fáciles de leer, preferiblemente sans, como Helvetica. Las fuentes condensadas funcionan bien porque te permiten ajustar más texto en cada línea. Permanece con la misma familia de fuentes a lo largo de tu presentación. Evita las fuentes de script ya que son muy difíciles de leer y se ven mal.

3. Letras negras sobre blanco se leen mucho más fácil que el blanco sobre negro.

4. Mantén las palabras claves cortas y al punto. Utiliza las diapositivas como un referente de memoria para ti como presentador, no como una descripción completa para leer en voz alta en la pantalla. El público debe poder leer una diapositiva completa rápidamente. Tus textos deben ser lo más cortos que sea posible, incluso se vale usar una sola palabra para una diapositiva.

5. Si deseas maximizar la atención de la audiencia, inserta diapositivas en blanco con regularidad que puedan usarse para desviar la atención hacia ti. Si no tienen nada que ver en la pantalla, se ven obligados a concentrarse en lo que estás diciendo.

6. Practica tu charla en voz alta con la presentación que creaste. Esto te ayudará a sentirte cómodo con el uso de las diapositivas, te acostumbrarás a la secuencia y como resultado, la presentación real se verá más pulida.

7. Calcula dónde te ubicarás para evitar bloquear la vista de los miembros de la audiencia de la pantalla de proyección.

8. Asegúrate de que la computadora que se estará usando ese día sea lo suficientemente potente como para ejecutar la

presentación, especialmente si contiene imágenes, audio o videos muy pesados.

9. Lleva una copia de seguridad de tu presentación en múltiples formatos: memoria USB o disco duro externo son las mejores opciones. Las computadoras se bloquean de vez en cuando, que no te agarre de sorpresa. Algunos presentadores también traen una copia de respaldo de la presentación en su propia computadora portátil.

10. No uses las animaciones. Elige solo una o dos variaciones muy simples y quédate con ellas para toda la presentación. Puede ser entretenido ver el texto volando dentro y fuera de la pantalla de varias maneras, pero distrae la atención del mensaje.

11. Si planeas usar audio o video, asegúrate de contactar al encargado del lugar tan pronto como llegues al lugar del evento para hacer pruebas y tengan claros los detalles de tu presentación.

12. Si el lugar proporciona un control remoto para avanzar las diapositivas, pruébalo y asegúrate de que te sientas cómodo con él. Verifica cómo volver a una diapositiva anterior si lo necesitas. A veces habrá un operador que adelantará las diapositivas por ti. Si tienes algún requisito especial o si la presentación es inusualmente compleja, asegúrate de

explicárselas a ellos para que comprendan cómo se desarrollará y repásala rápidamente con todo conectado.

13. Si necesitas una conexión a Internet en vivo para mostrar un sitio web u otra cosa que solo se pueda ver en línea, haz tu solicitud al organizador con suficiente antelación. Verifica con ellos de antemano para asegurarte de que la solicitud haya sido procesada, e insisto, llega temprano al sitio para probar la conexión y repasar tu presentación "en vivo".

14. Como regla general, si algún aspecto de tu presentación es difícil de leer en un monitor de computadora, nunca asumas que estará bien en la pantalla grande, simplemente porque será más grande. Si algo es borroso o demasiado pequeño para leer, aún será borroso y difícil de leer en la pantalla grande. Este es uno de los errores más comunes. Pruébalo por ti mismo y evita caer en él.

15. Al final de tu presentación, inserta una diapositiva con tu logotipo que te indique tanto a ti, como a los técnicos de audiovisual que has llegado al final de tu presentación. Esto mejorará en gran medida la percepción de la audiencia y dejarás un sello de tu marca como punto final.

16. De ser posible, haz arreglos para tener un monitor en la parte frontal del escenario, inclinado hacia ti para que puedas ver lo que se está proyectando detrás. A veces también es posible

incorporar una pantalla de este tipo en el podio. Siempre pregunta si puedes contar con cosas como esta con mucha anticipación, si es realmente importante para el éxito de tu presentación.